*Martin Franzbach*

# Cervantes



Philipp Reclam jun. Stuttgart

Umschlagabbildung: Miguel de Cervantes. Anonymer Stich.
(Archiv für Kunst und Geschichte, Berlin)

Universal-Bibliothek Nr. 8690

Gesamtherstellung: Reclam, Ditzingen. Printed in Germany 1991

ISBN 3-15-008690-6

# Inhalt

## Die innere und die äußere Biographie

In unnachahmlicher Weise hat der Kunstsoziologe Arnold Hauser das Leben des Cervantes in seiner exemplarischen Ausprägung resümiert:[1] »Die Lebensgeschichte von Cervantes enthüllt ein für die Zeit des Übergangs von der ritterlichen Romantik zum Realismus höchst typisches Schicksal. Ohne diese Lebensgeschichte zu kennen, ist es unmöglich, *Don Quijote* soziologisch zu würdigen. Der Dichter stammt aus einer mittellosen, sich zum ritterlichen Adel zählenden Familie; er ist infolge seiner Armut von Jugend auf gezwungen, im Heer Philipps II. als gewöhnlicher Soldat zu dienen und all die Mühsal der Kriegszüge in Italien durchzumachen. Er nimmt an der Schlacht von Lepanto teil, in der er schwer verwundet wird. Auf dem Heimweg aus Italien fällt er algerischen Piraten in die Hände, verbringt fünf bittere Jahre in der Gefangenschaft, bis er nach mehreren mißglückten Fluchtversuchen im Jahre 1580 ausgelöst wird. Zu Hause findet er seine Familie vollkommen verarmt und verschuldet wieder. Man hat aber auch für ihn, den verdienstvollen Soldaten, den Helden von Lepanto, den in die Gefangenschaft der Heiden gefallenen Ritter, keine richtige Verwendung; er muß sich mit dem subalternen Posten eines kleinen Steuereintreibers begnügen, hat materielle Sorgen, kommt unschuldig oder wegen eines geringen Vergehens ins Gefängnis und muß schließlich noch den Zusammenbruch der spanischen Militärmacht und die Niederlage den Engländern gegenüber erleben. Die Tragödie des Ritters wiederholt sich im großen, im Schicksal des ritterlichen Volkes par excellence.«

Obwohl ein Taufregister von Cervantes existiert, das auf den 9. Oktober 1547 in der Pfarrkirche Santa María la Mayor in Alcalá de Henares datiert ist, kennen wir das genaue

1 Arnold Hauser, *Sozialgeschichte der Kunst und Literatur*, München 1953, S. 427.

Geburtsdatum nicht. Der Vater hielt die siebenköpfige Familie mühsam als Wanderchirurg über Wasser. Sein Gehalt belief sich auf 6 Maravedís gegenüber 145 Maravedís, die ein Medizinprofessor, 16 Maravedís, die der Universitätsfriseur verdiente.

Die Familie zog dem Beruf des Vaters nach, doch sind die einzelnen Stationen nur unvollständig belegt. Deutlichere Konturen gewinnt die Biographie des Cervantes erst in Sevilla (1564/65), wo er vielleicht das Jesuitenkolleg besucht hat, wie sehr anschauliche Schilderungen in der später verfaßten Novelle *Gespräch zweier Hunde* (*Coloquio de los perros*, entstanden 1604) bezeugen können. Sevilla war damals die reiche Metropole Europas. Den Guadalquivir aufwärts fuhr eine hochbeladene Karavelle nach der anderen aus Übersee. Der Hafen wimmelte von Auswanderern und Handelsschiffen aus ganz Europa: »Wer Sevilla nicht gesehen hat, hat kein Wunder gesehen« (»Quien no ha visto Sevilla, no ha visto maravilla«), hieß es sprichwörtlich. In einer anderen Novelle, *Rinconete und Cortadillo* (*Rinconete y Cortadillo*, 1614), wird aber auch die Kehrseite der Medaille sichtbar: das Leben des Lumpenproletariats und der organisierten Verbrecherwelt.

1566 zog der Vater erneut nach Madrid, um sich seinen Gläubigern in Andalusien zu entziehen. Hier ist für den 19jährigen Cervantes eine humanistische Ausbildung bei Juan López de Hoyos verbürgt. Erste Frucht dieser Studien waren Gelegenheitsverse auf den Tod des Infanten Don Carlos (1568); vorher schon scheint er Sonette geschrieben zu haben.

Auf der Flucht vor den Folgen eines Duells landete Cervantes 1569 am päpstlichen Hofe in Rom und diente als Kämmerer dem Kardinal Giulio Acquaviva. Damit begann seine Wanderschaft als »fahrender Ritter« und der abenteuerlichste Teil seines Lebens, denn ein Jahr später finden wir ihn bereits im Dienst bei den spanischen Truppen am Hof des Vizekönigs in Neapel.

Als Europa unter den türkischen Halbmond zu kommen drohte, fochten Miguel und sein jüngerer Bruder Rodrigo am 7. Oktober 1571 unter Don Juan de Austria, dem Halbbruder Philipps II., in der Galeerenschlacht bei Lepanto (dem heutigen griechischen Naupaktos) zusammen mit den Venezianern gegen die Türken. Ein Augenzeuge der Schlacht gab später eidesstattlich und im umständlichen Kanzleistil seiner Zeit zu Protokoll, es sei »die Wahrheit und nichts als die Wahrheit, daß der besagte Miguel Cerbantes [sic!] in der schon erwähnten Seeschlacht, als die türkische Flotte in Sicht gekommen und sein besagter Kapitän und dieser Augenzeuge hier und noch viele andere seiner Freunde alle zusammen sprachen und dem besagten Miguel de Cerbantes einreden wollten, er solle doch ›unter Deck bleiben, da er krank war und ein Fieber hatte‹, daß darauf der besagte Miguel de Cerbantes erwiderte, ›was würde dann die Nachwelt über ihn sagen, daß er nämlich nicht seine Pflicht getan hätte, und er würde lieber im Kampf für Gott und seinen König fallen als sich verstecken und seiner Gesundheit pflegen‹. Und so sah denn auch der unterzeichnende Augenzeuge hier ihn in der besagten Schlacht und mit den oben erwähnten Türken kämpfen wie ein Löwe, und zwar an der Pinasse, wie sein Kapitän es ihm befohlen, und er hatte auch andere Soldaten unter seinem Kommando [. . .].«[2]

Cervantes wurde bei Lepanto dreimal verwundet: zweimal an der Brust und an der linken Hand, die für immer verstümmelt blieb:[3]

> Es brannte mich die Wunde an der Brust
> wie höllenheiße Glut, und meine Linke
> war nur ein schlechter hoffnungsloser Stumpf
> [. . .]
> Trotz allen Jubels traurig hielt den Degen

2 Luis Astrana Marín, *La vida ejemplar y heroica de Miguel de Cervantes Saavedra*, Bd. 2, Madrid 1949, S. 324 f. (Fußn.).

3 Aus der Epistel an Mateo Vázquez.

ich fest gepackt mit meiner heilen Hand,
indes die andre troff von heißem Blute.
[...]
Doch war die Freude, die mein Herz erfüllte,
als ich gebrochen sah der Heiden Macht,
das wilde Heer zerstört, so übermächtig,
daß ich der Wunden alsogleich vergaß,
obschon mich solche Schmerzen überkamen,
daß manchmal ich ganz nah der Ohnmacht war.

Zeit seines Lebens war Cervantes auf seine heldenhafte Rolle in dieser welthistorisch bedeutsamen Schlacht stolz; an einigen Stellen seines Werkes kehrt die Beschreibung noch Jahrzehnte später wieder (z. B. im *Don Quijote* I,39). Im Laufe der Zeit mischte sich aber auch Bitternis darein, daß das Vaterland ihn trotz seiner Verwundungen so schlecht entlohnte.

In den folgenden Jahren nahm Cervantes an weiteren Seeexpeditionen teil, bis am 26. September 1575 islamische Korsaren sein Schiff auf der Rückkehr nach Spanien kaperten. Es begann eine fünfjährige Tortur in algerischer Gefangenschaft, »wo er im Unglück Geduld zu haben lernte«. Das persönliche Empfehlungsschreiben Don Juan de Austrias steigerte Cervantes' Lösegeldwert in astronomische Höhen. Andererseits gehörte er dadurch zum Kreis der privilegierten Gefangenen, die vor Mißhandlungen und entehrender Zwangsarbeit bewahrt blieben.

Fünf Ausbruchsversuche und die Organisation eines Massenaufstands von 25000 christlichen Galeerensträflingen zeigen, wie wenig Cervantes sich mit seinem Schicksal zufriedengab:[4]

Als ich gefangen kam in dieses Land,
das, wohlbekannt, in seinem weiten Schoße

4 Ebd.

viel Hunderte Piraten hegt und schützt,
vermochte ich den Jammer nicht zu zähmen,
und wider Willen sah ich, unbedacht,
wie heiße Zähren mir die Wangen näßten.

Der Bey höchstpersönlich soll erklärt haben, wenn nur dieser verkrüppelte Spanier gehörig bewacht werde, habe er vor allen anderen keine Angst. Er ließ Cervantes in Ketten legen und hielt ihn in strenger Klausur. Erst im September 1580 wurde Cervantes durch Vermittlung des Trinitarierordens freigekauft. Das gesamte Vermögen seiner Eltern, seines Bruders, die Mitgift der beiden Schwestern sowie Immobilien gingen in diesen Handel ein.

In den folgenden Jahren sehen wir Cervantes als Soldaten, bei Auftragsreisen für den König, als Handelsagenten und als Proviantlhändler für die Ausrüstung der Armada um ein festes Auskommen ringen. Aus einer Liebesaffäre mit der etwa 20jährigen Ana Franca de Rojas (1584) ging seine einzige Tochter Isabel hervor. Am 12. Dezember 1584 wurde Cervantes in der Pfarrkirche von Esquivias in der oberen Mancha bei Toledo mit der 19jährigen Catalina de Salazar y Palacios getraut.

Rund 20 Jahre publizierte Cervantes jetzt kaum eine Zeile, und es ist anzunehmen, daß wirtschaftliche Schwierigkeiten ihn im Land umhertrieben. 1592 erhielt er eine Gefängnisstrafe auf Bewährung gegen Kaution wegen angeblicher finanzieller Unregelmäßigkeiten. Er soll als Provianteintreiber 300 Fanegas Weizen ungesetzlich requiriert haben. Wahrscheinlich waren Intrigen der Grund für diese Denunziation. Zwei Jahre später zeigen ihn die Dokumente als Steuereintreiber in Andalusien. 1597 mußte er eine dreimonatige, 1602 eine erneute Schuldhaft in Sevilla antreten. Offensichtlich nutzte er die Zeit hinter Gittern für seine literarische Arbeit am *Don Quijote* und an den *Beispielhaften Novellen* (*Novelas ejemplares*).

In seiner letzten Lebensphase arbeitete Cervantes fieberhaft an seinem literarischen Ruhm. Als 1605 der erste Teil des *Don Quijote* (*El Ingenioso Hidalgo Don Quixote de la Mancha*; Teil I, Kap. 1–52) erschien, erfüllten sich seine Hoffnungen nur teilweise. Angesichts der Rivalitäten und Fehden unter den damaligen Schriftstellern (besonders mit Cervantes' Intimfeind Lope de Vega) verwundert die Kollegenhäme, mit der dieser »Unterhaltungsroman« bedacht wurde, nicht. Jedoch signalisierten Raubdrucke die wachsende Beliebtheit des Buches, dessen Gestalten bald sprichwörtlich wurden. Allein im Erscheinungsjahr kam das Buch auf sieben weitere Auflagen (bei 750 Startexemplaren). Im Juni desselben Jahres geriet Cervantes in Valladolid in Mordverdacht, nachdem er einem Schwerverletzten vor seiner Tür geholfen hatte.

Mit dem Umzug nach Madrid 1608 begann der literarisch fruchtbarste Abschnitt in Cervantes' Leben. In rascher Reihenfolge erschienen die *Beispielhaften Novellen* (*Novelas ejemplares*, 1613), *Die Reise auf den Parnaß* (*Viaje del Parnaso*, 1614) und der zweite Teil des *Don Quijote* (*Segunda parte del ingenioso cavallero Don Quixote de la Mancha*; Teil II, Kap. 1–74; 1615). Seine Fertigstellung wurde zweifellos durch die Fortsetzung eines Alonso Fernández de Avellaneda aus Tordesillas beschleunigt, der Cervantes 1614 mit einer apokryphen Fassung zuvorgekommen war. Ebenfalls im Jahre 1615 erschienen je acht Schauspiele und Zwischenspiele (*Ocho comedias y ocho entremeses*); noch in seinen letzten Tagen vollendete er die Arbeit an dem Abenteuerroman *Die Mühsale des Persiles und der Sigismunda* (*Los trabajos de Persiles y Sigismunda*, publiziert postum 1617).

Reich ist unser Dichter durch seine Werke nicht geworden, aber in seinen letzten Lebensjahren fand er doch adlige und geistliche Gönner, die ihn unterstützten. Einen Monat vor seinem Tod schrieb er dem Kardinal Bernardo de Sandoval diesen Abschiedsbrief:[5]

5 William Byron, *Cervantes. Der Dichter des Don Quijote und seine Zeit*, Frankfurt a. M. 1984, S. 545 f.

*Miguel de Cervantes. Gemälde von Juan de Jáuregui y Aguilar, 1600. (Archiv für Kunst und Geschichte, Berlin)*

Mein durchlauchtigster Herr,
ich habe den Brief von Eurer Durchlaucht vor ein paar Tagen bekommen und mit ihm neue Wohltaten. Wenn es überhaupt ein Mittel gäbe gegen die Krankheit, über die ich mich beklage, dann wäre die viele Wohltat und Hilfe, die Eure Exzellenz mir gewährt hat, ausreichend gewesen. Aber die Krankheit hat in letzter Zeit den Griff, in dem sie mich hält, so verstärkt, daß es bald ein Ende mit mir haben wird [...].

Zu Madrid, den 26. März des Jahres 1616.

Meinem durchlauchtigsten Herrn,
Miguel de Cervantes Saavedra.

Am 18. April 1616 hatte die Wassersucht seinen Zustand so weit verschlechtert, daß er in der Widmung zum *Persiles* an den Grafen von Lemos schrieb:

Schon hab ich den Fuß im Bügel,
und ich schreibe, edler Herr, dies,
da der Tod mir hält die Zügel.

An einem Samstag, dem 23. April 1616, starb Cervantes nach längerer Bewußtlosigkeit in einem diabetischen Koma. Im Kloster der Barfüßigen Trinitarierinnen wurde er begraben.

---

Cervantes ist zweifellos eine der großen Persönlichkeiten jener Epoche, die man das »Siglo de Oro«, das Goldene Zeitalter, nennt. In diesem Begriff werden das 16. und 17. Jahrhundert zusammengefaßt, wobei die genaue zeitliche Eingrenzung umstritten ist. Man läßt es gelegentlich mit dem Schicksalsjahr 1492 beginnen (2. Jan. 1492: Eroberung Granadas, Ende der Reconquista und damit endgültige Eroberung des von den Arabern besetzten spanischen Landes, und beginnende Vertreibung der Juden, d. h. der geistigen und wirtschaftlichen Elite des Landes; 12. Okt. 1492: Entdekkung Amerikas durch Columbus, durch die Spanien über Nacht zu einer Weltmacht wird); gelegentlich erst mit dem Erscheinen des ersten Schelmenromans, des *Lazarillo von Tormes* im Jahre 1554. Einig sind sich die Literarhistoriker dagegen bei der Datierung des Endes mit Calderóns Tod, im Jahre 1681, als Terminus ante quem.

Es ist dies eine kriegs- und krisenreiche Epoche, weshalb der Begriff des Goldenen Zeitalters auch nur für die Geschichte der Literatur, nicht aber für die politische Geschichte gilt. Während das spanische Weltreich im 16. Jahrhundert inmitten einer politisch und religiös zerstrittenen Welt nach außen hin noch das Bild einer festen Einheit von Politik und Glauben abgibt, mehren sich im 17. Jahrhundert die Menetekel. Der politische, wirtschaftliche und soziale Niedergang Spaniens und seiner Kolonien ist unaufhaltsam. In der Literatur dagegen ist es durchweg das Jahrhundert der großen Dichterpersönlichkeiten.

Dies gilt vor allem für das Theater. Das Dreigestirn Lope de Vega (1562–1635), Tirso de Molina (1581–1648) und Calderón de la Barca (1600–81) bringt es mit seinen Zeitgenossen und Nachfolgern im »Siglo de Oro« auf die geschätzte Zahl von etwa 30000 aufgeführten Stücken (*comedias*). Das spanische Publikum des 17. Jahrhunderts war theaterbesessen. Zwar führte die ungeheure Flut der *comedias* mit der Zeit bei bestimmten Gattungen und Stoffen zu einer gewissen Stereotypisierung, doch gilt für das spanische Theater seiner Zeit noch heute das lobende Urteil Lessings im 68. Stück der *Hamburgischen Dramaturgie* (25. Dez. 1767): »Eine ganz eigne Fabel; eine sehr sinnreiche Verwicklung; sehr viele und sonderbare, und immer neue Theaterstreiche; die ausgespartesten Situationen; meistens sehr wohl angelegte und bis ans Ende erhaltene Charaktere; nicht selten viel Würde und Stärke im Ausdrucke.«

Den Löwenanteil auf der Bühne nahmen die Mantel- und Degenstücke (*comedias de capa y espada*) ein. Unter den Symbolen dieser Requisiten höherer Stände entfaltete sich eine dramatische Handlung, die nach mancherlei Wechselfällen im Duell um Liebesaffären gipfelte, wobei der Ehrbegriff (*honor*) eine besondere Rolle spielte. Neben dem weltlichen Theater waren die geistlichen Schauspiele (*autos sacramentales*) weitverbreitet. Man bezeichnete damit meist einaktige Stücke (1500 bis 2000 Verse) mit allegorischen Figuren, bei denen das Mysterium der Eucharistie oder der Erlösung im Mittelpunkt stand. Die Aufführungen fanden unter Musikbegleitung auf von Ochsen gezogenen Wagen (*carros*) mit teilweise mehrstöckiger Maschinerie von Dekorationen, Szenen und Verwandlungen statt.

Das weltliche Theater wurde auf der Palast- oder auf der Corral-(Volks)bühne gespielt. Die Hofbühne war mit gewissen Einschränkungen auch dem Volke zugänglich. Seit 1607 gab es sogar eine Art Volksbühne innerhalb des Schlosses. Weitere Palastbühnen bestanden in den Lustschlössern von Aranjuez und Buen Retiro. Ab 1621 arbeiteten dort hochdotierte italienische Bühnendekorateure (Lotti, Candolfi, Ricci, Bianco), die mit den raffiniertesten Perspektiven und Prospekten jonglierten, um Schiffbrüche, Erdbeben, fliegende und im Meer versinkende Gottheiten innerhalb weniger Stunden darzustellen.

Das Volkstheater fand dagegen auf der Corralbühne im Innenhof eines Häuserblocks statt. Die breiten, meist vergitterten Fenster waren die Logen (*aposentos*). Hinter den Bänken vor der Bühne standen die gefürchteten Buhrufer (*mosqueteros*). Die Frauen saßen auf dem »Olymp« (*cazuela*, eigtl. ›Pfanne‹). Aufführungen fanden nur an Sonn- und Festtagen statt, außer in der Fastenzeit. Die Pausen füllten Zwischenspiele (*entremeses*), aktuelle oder historische Couplets. Der Bühnenraum war sehr einfach dekoriert. Abgänge links und rechts und einige Pappmaschinerie stellten hohe Ansprüche an die Phantasie der Zuschauer, erleichterten aber häufigen Szenenwechsel. Einen bemalten Vorhang im Hintergrund kannte man bis etwa 1610 nicht.

Cervantes hat vergleichsweise wenig für das Theater geschrieben, doch soll er nach eigenen Angaben – ausgehend vom Wanderbühnentheater Lope de Ruedas (1505?–1565) und Juan de la Cuevas (1543–1610) – 36 bis 40 Stücke verfaßt haben. Unter ihnen ragt *El cerco de Numancia* (*Die Belagerung von Numantia*, 1584) hervor, eine der ersten großen Tragödien der neueren Dramenliteratur. Cervantes stellt darin unter Wahrung der drei dramatischen Einheiten (Ort, Zeit, Handlung) den heldenhaften Untergang der spanischen Stadt Numantia (133 v. Chr.) nach jahrelanger Belagerung durch den römischen Feldherrn Scipio Africanus dar.

Nach August Wilhelm von Schlegel steht dieses Stück »ganz auf der Höhe des tragischen Kothurns und ist durch die bewußtlose und ungesuchte Annäherung an die antike Größe und Reinheit eine merkwürdige Erscheinung in der Geschichte der neueren Poesie; die Idee des Schicksals herrscht durchaus darin; die zwischen den Aufzügen auftretenden allegorischen Figuren leisten auf einem anderen Wege ungefähr, was der Chor in den griechischen Tragödien«. Allerdings wird die antike Moira, das Schicksal, hier durch den Hunger ersetzt, der seine brutale Herrschaft ausübt. Damit unterscheidet sich das Stück auch von dem gleichzeitigen französischen Theater. Denn während dort das Gesetz der »bienséance« (›Wohlanstand‹) die Darstellung allzu realistisch anstößiger und niederer Instinkte rügte, schildert Cervantes sehr plastisch den Kampf gegen die Hungerblockade: »Man sieht einen kleinen Jungen, der vergeblich gestillt sein möchte, sich mit den Zähnen festbeißen und das Blut trinken, da die Mutter zu schwach ist, um ihn mit ihren Armen zu halten. Es folgen die Opferszenen: auf den Altären wird die Habe verbrannt, die Männer töten ihre Frauen, um dann sich selbst in die bluttriefenden Schwerter zu stürzen.«[6]

6 Werner Krauss, *Miguel de Cervantes. Leben und Werk*, Neuwied/Berlin 1966, S. 49.

Die heutige Forschung sieht diese Tragödie in ihrem zeitgebundenen Rahmen mit dramaturgischen Schwächen, aber einem mitreißenden Pathos, das in bestimmten patriotischen Hoch-Zeiten durchaus sein Publikum fand: »Das ist der Ausdruck eines heroischen Idealismus und Lebensgefühls, daher auch das Pathos der Sprache, das freilich nicht für die ganze Dauer der Tragödie auf derselben Höhe bleiben konnte, sondern gelegentlich, namentlich in Beratungsszenen, in Rhetorik abgleitet. Es ist aber eine Sprache, die durchgehend idealistisch stilisiert ist. Man versteht, wie ein Stück von solchem vaterländischen Feuer zu Zeiten des spanischen Freiheitskampfes, während der Belagerung von Zaragoza (1808/09), unter rauschendem Beifall aufgeführt wurde, aber auch, welches Echo es in der Übersetzung von H.-A. La Motte Fouqué in Deutschland vor und während der Befreiungskriege, insbesondere bei den deutschen Romantikern, finden mußte.«[7]

Als ein Meister der psychologischen Charakterskizze (weniger der Gestaltung der Handlung und der Intrige) zeigt sich Cervantes in den 16 *Schau- und Zwischenspielen* (*Ocho comedias y ocho entremeses*, 1615). Aus nüchterner Betrachtung des Alltags und seiner Probleme, mit einem Drang zur pointierten Satire, sind es Meisterwerke ihres Genres. Ritter- und Heiligenstoffe, Ehekonflikte, Gaunerszenen, Dorfburlesken, Liebesrivalitäten u. a. geben das bunte Fresko ab. Zu Lebzeiten des Cervantes sind diese Stücke allerdings kaum auf die Bühne gekommen.

Gehörte Cervantes' heimliche Liebe dennoch dem Theater, so gilt dies nicht in gleichem Maße für die Lyrik. Cervantes hatte nur geringen Anteil an der Entwicklung und artistischen Ausdifferenzierung, die diese Gattung im Laufe des »Goldenen Zeitalters« erfuhr. Der Beginn dieser Entwicklung ist historisch klar zu lokalisieren; es ist ein Gespräch des venezianischen Gesandten und Dichters Andrea Navagero mit Juan Boscán im Sommer 1526, dessen Inhalt der letztere

7 Friedrich Schürr, *Cervantes, Leben und Werk des großen Humoristen*, Bern/München $^{2}$1963, S. 39 f.

in einem Brief an die Herzogin von Soma so resümiert: »Als ich eines Tages in Granada mit Navagero zusammen war, [...] sagte er mir, warum ich nicht in spanischer Sprache Sonette und andere Gedichtformen versuchte, die von den guten Schriftstellern Italiens verwandt wurden; [...] mehr noch, er bat mich, es zu tun.« Seit diesem Zeitpunkt hält die italienische Kunstlyrik, besonders Petrarca, Einzug in die spanische Dichtung, doch haben Boscán selbst, Garcilaso de la Vega u. a. deren Einfluß schon bald wieder zurückgedrängt, indem sie zwar die Form des Elfsilblers beibehielten und italienische Strophenformen (Sonett, Ottaverime, Terzett, Lira, Kanzone, Silva) pflegten, sie aber – ebenso wie die übernommenen antiken Formen (Ode, Ekloge, Elegie, Epistel) – mit anderen Inhalten füllten. In ihren besten Gedichten zeichnet sich so schon ein persönliches Naturerlebnis ab.

Mit diesen formalen Neuerungen und der inhaltlichen Abkehr von der moral-didaktischen Lyrik löste sich die spanische Lyrik des 16. Jahrhunderts von der des Mittelalters und bereitete die des Barock vor. Mit ihr verbinden wir hauptsächlich den Namen Luis de Góngoras (1561–1627), den sein Wiederentdecker Federico García Lorca bei der Pilgerfahrt zu Góngoras Grab zum 300. Todesjahr 1927 den »Vater der modernen Lyrik« nannte. Als Hauptvertreter des »culteranismo« gibt sich Góngora hermetisch. Im Spiel mit Worten, Phantasie, Klang und Formen verwendet er reichlich Metaphern, Neologismen, mythologische Anspielungen und auffällige Wortstellungen.

Die lyrische Gegenbewegung mit ihrem polemischen Hauptvertreter Quevedo stellte der »conceptismo« dar, das Spiel mit Gedankenassoziationen als Beweis für Scharfsinn und Geist. Es war der für die Satire prädestinierte Stil mit zahlreichen Antithesen, Paradoxien, Parallelismen, Doppeldeutigkeiten und lakonischen Wendungen.

Neben den Kulteranisten und Konzeptisten gab es eine Reihe von lockeren Schulen und Gruppen in Sevilla, Granada, Zaragoza, Antequera und Valencia, die antike und barocke Themen ineinanderfließen ließen. Die verschiedenen Strömungen kamen in dem Universaltalent Lope de Vega zusammen, der die weltliche (Schäfer-, Maurenromanzen, Seguidillas, Villancicos usw.) und geistliche Lyrik kultivierte. Hauptthemen seiner sakralen Lyrik waren die Mysterien der Geburt, der Passion und des Sakraments.

Cervantes stand als Lyriker weitgehend im Schatten seiner Zeitgenossen. Er hat keine eigenen Gedichtbände veröffentlicht, doch hat er zahlreiche Gedichte in seine Prosa eingestreut, und sie markieren unverkennbar den Übergang von der traditionellen zur individuellen, »erlebten« Lyrik. So wird er seiner eigenen Leistung denn doch nicht gerecht, wenn er – mit dem bescheiden-rhetorischen Topos in *Die Reise auf den Parnaß* (*Viaje del Parnaso*, 1614) – notiert:

Ich mühe mich bei Tag und Nacht,
Den Anschein zu erwecken, als hätte ich als Dichter
Die Gnade, die der Himmel mir nicht geben wollte.

Ansonsten ist das Versepos *Die Reise auf den Parnaß* von großem Interesse, weil es einen Dichterkatalog enthält, in dem Cervantes sich mit spitzer Feder über die Qualitäten seiner Zeitgenossen äußert und dabei auch mit einigen Seitenhieben gegen Góngora und Quevedo aufwartet.

Seinen unsterblichen Ruhm verdankt Cervantes seinem Romanwerk. Dabei wurden die den *Don Quijote* einrahmenden Romane lange Zeit als pure Nachahmung damals beliebter Gattungen gesehen; erst in der neueren Forschung werden die Eigenarten verstärkt betont. In diese Reihe gehört Cervantes' Erstlingswerk, die *Galatea* (1585). Cervantes hat sich darin in der Gattung des Schäferromans versucht, wobei er sich im Aufbau des Werkes ganz an seine Vorbilder – vor allem Jacopo Sannazaros *Arcadia* (1502) und Jorge de Montemayors *Diana* (1559) – hält, Vers und Prosa mischt und die Mode aufgreift, Persönlichkeiten seiner Zeit ins Schäfergewand zu kleiden. Die Liebesauffassung übernahm er von

Leone Ebreo (d. i. Juda León Abravanel, 1465–1525?), einem jüdischen Schriftsteller und Philosophen, der 1492 aus Spanien ausgewiesen wurde. Seine *Dialoghi d'amore* (1535) galten als bedeutendster neuplatonischer Liebestraktat. In der für die Renaissance beliebten Gesprächsform, in diesem Fall zwischen Philo und seiner Geliebten Sophia, hatte Leone aus platonischen und neuplatonischen Gedanken, unter reicher Verwendung allegorischer Interpretationen aus der Antike, astrologischer und jüdisch-mystischer Gedanken seiner Zeit seine Metaphysik dargestellt, in der die Liebe zum Existenzgrund und Bewegungsgesetz alles Seienden wird. Als ein Verlangen nach der göttlichen Schönheit, das durch deren irdisches Abbild geweckt und gefördert wird, hat diese spirituelle Auffassung der Liebe bis in die Lyrik von Michelangelo (*Le Rime*, entstanden 1520–50, erschienen postum 1623) und John Donne (1572–1631) hinein gewirkt.

Cervantes hing sehr an der *Galatea*. Er versprach noch auf dem Sterbebett einen »Abschluß«, wenn er »wie durch ein Wunder« mit dem Leben davonkommen sollte. Die Literaturkritik hingegen konnte wenig damit anfangen. Sie hat das Werk zumeist als »tote Literatur« (Angel Valbuena Prat), als ein Produkt der Modeströmung der Schäferromane gesehen und mehr Imitation als Originalität festgestellt. Dagegen hat Werner Krauss in seinem Werk über Cervantes zwei bestimmende, neue Züge in der *Galatea* herausgestellt: die Rationalisierung und die Moralisierung. »Cervantes übernahm den Hirtenroman, wie ihn Montemayor mit seiner *Diana* (1559) gemodelt hatte, mit einer Einschränkung: die ordnende und beschwichtigende Macht des Liebeszaubers, der bei dem Vorgänger wenigstens den Ausblick auf einen möglichen Abschluß, auf eine harmonische Gruppierung der aufgebotenen Paare gewährt, widerstreitet – Cervantes zufolge – allen Gesetzen der wahrscheinlichen Darstellung, welche nur aus der Grundforderung der ›propiedad‹, der Personencharakteristik hergeleitet werden konnte. Das Gewebe der *Galatea*-Handlung ist durch diesen rationalistischen Eingriff nicht fester verknüpft worden, wohl aber rückt das bukolische Thema in eine neue Beleuchtung und wird als menschliche Seinsform und zugleich als eine urbildliche Verwirklichung des Gemeinschaftstriebs erkennbar. Das ›happy end‹ muß ohne fremde Zaubermacht allein aus den Handlungen der Hirtenhelden und -heldinnen bestritten werden.«[8]

Weiterhin ist Cervantes im Gegensatz zu dem Vorbild Montemayors um eine gewisse Dezenz in den neuplatonischen Liebesandeutungen bemüht; der christlich-kastilische Ehrenkodex siegt über die erotisch angehauchten heidnischen Hirtenszenen. »Der Liebende will die Liebe. Die Qual der Nichterfüllung wird durch wenige Augenblicke der Annäherung wettgemacht, aber was die Liebe angeht, so ist für sie selbst ihr Erleiden eine Wonne.«[9]

Ein anderer Roman, den Cervantes ganz am Ende seines Lebens, bereits vom Tode gezeichnet, niederschrieb, ist *Die Mühsale des Persiles und der Sigismunda* (*Los trabajos de Persiles y Sigismunda*, 1617 postum erschienen). Es ist ein phantastischer Abenteuerroman nach hellenistisch-byzantinischer Tradition, in dem von den Schicksalen eines Paares erzählt wird, das unter falschem Namen (Periandro und Auristela) durch die ganze Welt reist und schließlich in Rom heiratet. Bis es zu diesem Happy-End kommt, wird aber der ganze Apparat an unwahrscheinlichen Verwicklungen, der dieses Genre kennzeichnet, ins Werk gesetzt: Irrfahrten, Schiffbrüche, Gefangenschaften, Fluchten, Verkleidungen und Verwechslungen, Überfälle, Entführungen und beständige heldische Tugend. Cervantes hatte bereits im Jahre 1613, im Vorwort zu den *Beispielhaften Novellen*, angekündigt, daß er mit Heliodors *Aithiopika* (3. Jh. n. Chr.) in Wettstreit treten werde; und schon im *Don Quijote* (I,47) findet sich in der berühmten Besprechung der Ritterbücher durch den toledanischen Domherrn ein kurzer Abriß des Inhalts.

8 Krauss, *Miguel de Cervantes*, S. 60.
9 Ebd., S. 61.

Dieser *Don Quijote* steht natürlich im Zentrum von Cervantes' Romanwerk. Von ihm soll daher im folgenden Kapitel ausführlicher die Rede sein. Dabei wird dann auch auf den Typus des Ritterromans und seine Tradition eingegangen werden.

Von einer weiteren Untergattung des Romans im »Siglo de Oro« soll gleich gesprochen werden, und das ist der Schelmen- oder Pícaroroman (*novela picaresca*). Damit wird eine Gruppe von etwa 35 Romanen bezeichnet, die zwischen 1554 (*Lazarillo de Tormes*) und 1680 entstanden sind, die zwar europäische Vorläufer hatten, die aber im wesentlichen einen eigenen Beitrag Spaniens zur Weltliteratur darstellen. Diese Gattung hatte zur Zeit Cervantes' in Mateo Alemáns *Guzmán de Alfarache* (1599–1604) und Francisco de Quevedos *Buscón* (1626) ihre literarische Blütezeit. Der Schelmenroman, in dem ein unheroischer, sozial niederer *pícaro* eine Reihe von Abenteuern durchläuft, stellt eine bewußte Abkehr von den phantastisch idealisierenden Ritter-, Schäfer- und Abenteuerromanen dar. Cervantes hat kein eigenes Werk dieses Typus hinterlassen, doch hat er einiges von dessen Technik gelernt. Wenn man die wichtigsten Gattungsmerkmale, die häufig auch einzeln auftreten, Revue passieren läßt, werden die formalen Parallelen zum *Don Quijote* deutlich: der *pícaro* als Diener mehrerer Herren, die Entwicklung des Protagonisten (als ein Caballero mit negativen Vorzeichen), die fingierte autobiographische Erzähltechnik, die Episodenreihung in der Tradition des Abenteuerromans, der Fortsetzungscharakter, die Kritik des Ständemilieus, satirische Elemente, der Realismus der Beschreibung im Detail.

Andererseits lassen sich in der Figur des Hidalgos Parallelen zwischen dem *Lazarillo de Tormes* und dem *Don Quijote* feststellen. Die Hidalgos waren Angehörige des Kleinadels, der nach der »Wiedereroberung« (Reconquista) der Halbinsel gegen die arabische Herrschaft zur Zeit des Cervantes längst funktionslos geworden war. Als kleine Grundbesitzer ohne jede Liquidität verarmten die Hidalgos und wurden in der Literatur als tragikomische Hungerleider dargestellt.

Im *Lazarillo de Tormes* (1554) gab der anonyme Autor das folgende Porträt eines solchen Hidalgos: »Wie es um ihn bestellt war, dahinter kam ich eines Morgens, als er aufstand und im Hemd nach oben ging, um ein Bedürfnis zu befriedigen. Ich nahm unterdessen, um mir Klarheit zu verschaffen, sein Wams und seine Hosen auseinander, die er auf dem Kopfende liegen hatte, und fand ein hundertfach zusammengefaltetes Geldbeutelchen aus Samtatlas, das auch nicht eine einzige Blanca enthielt und dem man ansah, daß schon lange keine mehr darin gewesen war. Er ist wirklich ein armer Teufel, sagte ich mir und niemand kann geben, was er nicht hat. Dem geizigen Blinden dagegen und dem gottverdammten Filz von einem Priester, die mich fast verhungern ließen, obwohl Gott ihnen beiden genug verschaffte [...], ihnen kann man mit Recht gram sein; mit diesem armen Schlucker aber muß man Mitleid haben.

Und Gott ist mein Zeuge, wenn ich heute einen von seiner Art so stolz und prächtig daherkommen sehe, so ergreift mich heißes Erbarmen, denn wer weiß, ob er nicht ebensolche Pein leidet wie mein Herr. Ihm diente ich bei all seiner Armut doch viel lieber als den beiden andern.

Nur eins verdroß mich etwas an ihm: ich wünschte, er möchte nicht gar so vornehm tun und seine Phantasie ein wenig herabstimmen, da schon seine Not so sehr gestiegen war. Aber mir scheint, es ist bei diesen Herrn streng geübter Brauch, sei auch der Beutel noch so schlaff, den Kopf recht hoch zu tragen. Gott mög es wenden, denn dabei werden sie noch allesamt den Tod holen.«[10]

Ein gelungenes und literarhistorisch bedeutendes Werk stellen schließlich auch die 12 *Beispielhaften Novellen* (*Novelas ejemplares*, 1613) dar, die Cervantes zwischen den beiden Teilen des *Don Quijote* verfaßte. Stolz schrieb er in der »Vor-

10 *Das Leben des Lazarillo von Tormes. Seine Freuden und Leiden*, aus dem Span. übertr. von Helene Henze, Wiesbaden 1959, S. 49 f.

rede an den Leser«, daß »ich tatsächlich der erste bin, der Novellen in spanischer Sprache geschrieben hat. Denn all die andern, die in dieser Sprache gedruckt worden sind, wurden aus fremden Sprachen übersetzt. Diese Novellen aber gehören mir allein und sind weder nachgeahmt noch gestohlen: Mein Kopf hat sie erzeugt; meine Feder hat sie geboren, und in den Armen der Druckerei sollen sie groß werden.« Und weiterhin heißt es: »Ich habe sie *Beispielhafte Novellen* genannt, und wenn du sie recht betrachtest, ist nicht eine unter ihnen, der sich nicht irgendeine nützliche Lehre entnehmen ließe.«

Die moralisch-didaktische Zielsetzung bezieht sich meist auf ereignisreiche Liebesgeschichten oder satirisch-realistische Milieustudien. Im allgemeinen bewähren sich edle Spanier und Spanierinnen in kritischen Situationen bravourös. Obwohl nicht alle Novellen Lehrcharakter haben, ist der Gegensatz zu dem rein unterhaltsamen Vorbild Boccaccios evident. Die Novellen des Cervantes (für die er 1600 Reales und 24 Freiexemplare erhielt) wurden zu einer unerschöpflichen Stoffquelle für die Nachwelt. *Die kleine Zigeunerin* (*La Gitanilla*) z. B. inspirierte Hardy, Longfellow und noch Victor Hugo zu seiner Gestalt der Esméralda in *Notre-Dame de Paris* (1831). Brillante (obwohl im Original schwer lesbare) Milieustudien sind *Rinconete und Cortadillo* (mit pikaresken Einblicken in die Sevillaner Unterwelt) und *Das Gespräch zweier Hunde* (*Coloquio de los perros*): Berganza erzählt seine Erlebnisse, die Cipión als »hundgewordener *pícaro*« kommentiert, eine satirische Weltschau aus der vierfüßigen Perspektive.

In der schon erwähnten »Vorrede an den Leser« findet sich auch das humorvolle Selbstporträt des Dichters: »Der, den ihr hier seht, mit dem Adlergesicht, dem hellbraunen Haar, der glatten, freien Stirn, den munteren Augen, der gebogenen, sonst jedoch wohlgeratenen Nase, dem silbernen Bakkenbart, der vor weniger als 20 Jahren noch blond war, dem großen Knebelbart, dem kleinen Mund mit weder zu großen noch zu kleinen Zähnen (er hat nämlich nur noch ein halbes Dutzend, in schlechtem Zustand, der dadurch noch verschlimmert wird, daß sie einander nicht einmal entsprechen), dieser Mann also, von mittlerer Statur, weder groß noch klein, von frischer, eher heller als gebräunter Hautfarbe, etwas gebeugt in den Schultern und nicht sonderlich behend auf den Füßen: dieser ist der Verfasser der *Galatea* und des *Don Quijote de la Mancha* [...].«

## Das Hauptwerk, Parodie und Grabgesang der Ritterromane: Don Quijote als Held oder Narr

Im 32. Kapitel des ersten Teils von *Don Quijote* singt Maritornes in der Schenke das hohe Lied der Ritterromane: »Und weiß Gott, auch ich höre all die Sachen gern, sie sind gar hübsch, und besonders wenn da erzählt wird, wie die Dame unter Orangenbäumen sitzt und sie und ihr Ritter sich in den Armen halten und wie ihre Hofmeisterin derweilen Wache steht, halbtot vor Neid und in großer Bangigkeit. Das alles ist süß wie Honig.«

Deutet auch dieses Urteil schon auf eine späte Stufe der sentimentalen Trivialisierung der Konsumenten, so spricht es doch für die Lebendigkeit einer literarischen Gattung, die sich im Mittelalter aus dem karolingischen (Abenteuer Karls des Großen und seiner Paladine) und bretonischen (König Artus und die Ritter der Tafelrunde) Sagenkreis speiste, bis sie mit der Serie der Amadís-Romane, ihren Fortsetzungen, Übersetzungen und Bearbeitungen bis gegen Ende des 17. Jahrhunderts in ganz Europa bedeutsam wurden.

Dieser *Amadís de Gaula* (*Amadís von Gallien*; vor 1492 entstanden, 1508 erschienen) wurde von Garcí Rodríguez (oder Ordóñez) de Montalvo geschrieben, der dabei allerdings auf eine bereits vorliegende, inzwischen verlorene Gestaltung des Stoffs zurückgeht. Wie er im Vorwort erklärt, hat er die ersten drei Bücher bearbeitet und korrigiert, das vierte übersetzt. Nach Samuel Gili Gaya (*Amadís de Gaula*, Barcelona 1956) hat der Herausgeber den verlorenen Ur-Amadís um moralische, patriotische, religiöse und phantastische Elemente erweitert.

Inhaltlich schildern die Bücher die Geburt, Erziehung und die ersten Abenteuer des Amadís, eines unehelichen Sohns von König Perión de Gaula und der Prinzessin Elisena von

England. Den Höhepunkt des Romans bildet die Liebesgeschichte des Amadís in Schottland mit der Prinzessin Oriana. Daneben gibt es zahlreiche Abenteuer mit Rittern, Riesen und Zauberern auf der ganzen Welt.

Die in den Jahren 1569–98 bei dem Verleger Sigmund Feyerabend erschienene deutsche Übersetzung des Amadís, die nicht auf das Original, sondern auf die erweiterte und stark erotisch akzentuierte französische Version zurückging, trug wesentlich dazu bei, dem heroisch-galanten Roman als einer eigenen Literaturgattung in Deutschland Geltung zu verschaffen (vgl. Daniel Casper von Lohenstein, Arminius, 1689/90). Sie hat bis zu Christoph Martin Wieland (*Die Abenteuer des Don Sylvio de Rosalva*, 1764) und Goethe (Brief an Schiller, 14. Oktober 1805) nachgewirkt.

Nur kurz nach der Beendigung der deutschen Übertragung aber war die Zeit des alten Ritterromans in Spanien schon vorbei. Im Jahre 1605 erschien der erste Teil des *Don Quijote*, und danach ist auf der Iberischen Halbinsel kein neuer Ritterroman mehr verlegt worden. So trifft das Urteil Lord Byrons wohl zu: »Cervantes smiled Spain's chivalry away.« Zwar war schon Mitte des 16. Jahrhunderts, besonders nachdem die Inquisition den Export der Ritterromane nach Lateinamerika verboten hatte (1553), die Produktion dieser Romane gedrosselt worden, doch hatte dies ihrer Beliebtheit beim Lesepublikum noch keinen Abbruch getan.

Damit gilt auch für diese Gattung das literarische Evolutionsschema des russischen Formalisten Tynjanov[11]: als Kontrast zu einem bestehenden automatisierten Konstruktionsprinzip bildet sich dialektisch ein entgegengesetztes Konstruktionsprinzip aus – es breitet sich aus und wird zur Massenerscheinung – schließlich automatisiert es sich und provoziert wiederum entgegengesetzte Konstruktions-Prinzipien.

11 Jurij Tynjanov, »Das literarische Faktum« (1924), in: J. T., *Die literarischen Kunstmittel und die Evolution in der Literatur*, Frankfurt a. M. 1967, S. 21.

# EL INGENIOSO HIDALGO DON QVIXOTE DE LA MANCHA.

*Compuesto por Miguel de Ceruantes Saauedra.*

DIRIGIDO AL DVQVE DE BEIAR, Marques de Gibraleon, Conde de Benalcaçar, y Bañares, Vizconde de la Puebla de Alcozer, Señor de las villas de Capilla, Curiel, y Burgillos.

Año  1608.



Con priuilegio de Castilla, Aragon, y Portugal.

*EN MADRID*, Por Iuan de la Cuesta.

**Vendese en casa de Francisco de Robles, librero del Rey nro señor.**

*Titelblatt der Ausgabe des »Don Quijote« (Teil 1) von 1608*

So hatten die Ritterromane mit der Zeit die Heldenepen wie den *Poema de Mio Cid* (entstanden um 1140) oder den *Poema de Fernán González* (entstanden um 1250–66) abgelöst, zu deren realistisch-volkstümlicher Darstellung, enger Anlehnung an die geschichtlichen Realitäten und genauerer Lokalisierung die phantastischen Heldentaten der Ritter und ihre platonische Liebesschwärmerei geradezu einen Gegenpol bildeten. Zwar lebten die Stoffe der Heldenepen noch in den Volksromanzen (vgl. den 1551 von L. de Sepúlveda herausgegebenen berühmten *Romancero*) und sogar im Theater des »Siglo de Oro« fort (vgl. das Doppeldrama von Guillén de Castro, *Las mocedades del Cid*, 1618, und *Las hazañas del Cid*, 1618, das die unmittelbare Vorlage für Pierre Corneilles *Le Cid*, 1636, war), doch hatte sich der formale Rahmen der Epik mit dem gewandelten Publikumsgeschmack überlebt. Im Laufe des 16. Jahrhunderts aber verfestigte und stereotypisierte sich der Ritterroman seinerseits, und so stülpte Cervantes das alte Konstruktionsprinzip um und schuf damit den Anfang des modernen Romans.

Warum die Ritterromane im 16. Jahrhundert zur beliebtesten Gattung der Unterhaltungsliteratur in vielen Ländern Europas wurden, gehört in die Geschichte der Publikumssoziologie, in der noch vieles der soliden Erforschung bedarf. Wenn man die Heldenepen mit den Kreuzzügen in Berührung bringt, so liegt es nahe, die Ritterromane mit dem Ende der Reconquista und der Entdeckung und Eroberung Lateinamerikas (1492) in Verbindung zu bringen. Die Berichte der Kolonialchronisten und Conquistadoren wie Hernán Cortés (*Cartas de relación de la conquista de Méjico*, 1522–25), Gonzalo Fernández de Oviedo (*Historia general y natural de las Indias*, 1526, 1551–54), Francisco López de Gómara (*Historia de las Indias y conquista de Méjico*, 1552) oder Bernal Díaz del Castillo (*Historia verdadera de la conquista de la Nueva España*, 1632) brachten reiches Material über die neuentdeckten Länder und teilweise phantastisch anmutende Schilderungen über Schlaraffenland-Paradiese. Ob die Ritterromane als Unterhaltungsliteratur einer narkotisierenden, evasiven Funktion Vorschub leisteten oder ob über sie nicht doch ein bestimmter Tugendkatalog (wie Neubesinnung auf die heldenhafte Vergangenheit) vermittelt wurde, ist bisher zu wenig untersucht worden. Erwiesen ist jedoch, daß über 90 Prozent der damaligen Bevölkerung des Lesens und Schreibens unkundig waren und die Ritterromane also nur vom Erzählen und Vorlesen kennen konnten. Um so erstaunlicher ist daher, daß diese offensichtlich alle Stände ansprachen. Eine weitere wichtige Fragestellung in diesem Zusammenhang wäre, wie sich trotz der nationalliterarischen Entstehung die Beliebtheit dieser Gattung im internationalen Rahmen erklärt. Wenn wir ferner davon ausgehen, daß Konsumliteratur Klischees tradiert, ihre Inhaltselemente beliebig austauschbar sind und ihre Helden dem schwarzweißen Abnutzungsschema unterworfen sind, so bleibt als Frage, welche – eventuell handlungsorientierten – Spuren diese Art schematisierter Literatur in den Köpfen ihrer Leser und Hörer hinterließ.

Hans-Jörg Neuschäfer hat in seiner Arbeit *Der Sinn der Parodie im Don Quijote* (1963) den Roman des Cervantes aus dessen eigenen literarhistorischen Voraussetzungen, d. h. vom Ritterroman her, untersucht. Trotz der wiederholten Hinweise Cervantes' im Prolog und am Ende des zweiten Teils, sein Werk sei als Auseinandersetzung mit dem Ritterroman zu verstehen, war die Parodie als Stil-, Struktur- und Inhaltselemente bis dahin nicht systematisch erfaßt worden.

Neuschäfer ging von der Annahme aus, daß der *Don Quijote* nicht nur als Antithese gegen die Ritterromane, sondern auch als deren Synthese gesehen werden müsse, so daß die »eigentliche Wirkung der Parodie im *Quijote* also auf der Erweckung und Durchkreuzung der Erwartungen eines Publikums beruht, dem nicht nur bestimmte Motive und Situationen aus einzelnen Ritterromanen geläufig, sondern darüber hinaus die im wesentlichen stets gleichbleibende Auffassung des Geschehens als Aventüre, die typische Handlungsweise des epischen Helden und die Regeln der höfischen Liebe, kurz, die Struktur des Ritterromans völlig vertraute und selbstverständliche Voraussetzungen waren und das die gleiche Struktur im *Quijote* wieder-, zugleich aber auch völlig verändert fand«.[12]

Die Fiktionalisierung der Aventüre, die in dem Maße, wie der Ritter des mittelalterlichen höfischen Romans in der Welt des 17. Jahrhunderts keine gesellschaftliche Aufgabe mehr hat, immer märchenhafter und phantastischer wird; weiterhin – und als deren Folge – die Einschränkung des höfischen Ideals auf die Liebe sowie der Konflikt zwischen idealem und zweckmäßigem Handeln waren traditionelle Bestandteile der Ritterromane. Während sich jedoch in den Ritterromanen der Aufbruch des Helden in aller Öffentlichkeit und mit allem Prunk vollzieht, strotzt der heimliche Ausritt Don Quijotes von Alltäglichkeiten und Banalitäten. Erst später fällt ihm ein, daß er noch gar nicht zum Ritter geschlagen worden ist, und auch die Abenteuer wollen sich nicht einstellen. Eine miese Schenke muß das prächtige Schloß ersetzen, und statt der Burgfräulein sorgen sich zwei Landprostituierte um Don Quijote.

Dieser Kontrast gilt auch in Hinblick auf den Charakter des Protagonisten, denn Don Quijote ist kein strahlender ritterlicher Held, sondern ein verwirrter, weltferner Sonderling, der erst in seiner »Verrücktheit« zum fahrenden Ritter wird.

Dennoch ist hier zu präzisieren. Denn der eigentliche Beweggrund für die Handlung ist das besondere Verhältnis und das heißt: die Einheit von Verrücktheit und Vernunft, von Don Quijote de la Mancha und Alonso Quijano, dem verarmten Hidalgo, der durch die Lektüre von Ritterromanen den Verstand verliert und sich als Ritter auf seine Abenteuerfahrt begibt. In der Forschung sind beide Seiten traditionellerweise getrennt betrachtet worden, woraus sich Folgen

12 Hans-Jörg Neuschäfer, *Der Sinn der Parodie im Don Quijote*, Heidelberg 1963, S. 11.

vor allem für die Interpretation des Romanschlusses ergeben: er erschien allein im Licht des sterbenden Don Quijote und nicht unter dem Aspekt des wiedergenesenen vernünftigen Alonso Quijano. Dies hat dann weiterreichende Folgen gezeitigt, da das Verhältnis von Verrücktheit und Vernunft in der Regel unter der Dichotomie von Ideal und Wirklichkeit gesehen wurde. Der Tod des Protagonisten geriet damit zur tragischen Kapitulation des hochgesinnten Ritters vor der Macht kleinlicher realer Umstände. Diese Deutung wurde vor allem von der »Generation von 1898« vertreten, die nach der Niederlage Spaniens gegen die Vereinigten Staaten und dem Verlust der Kolonien nach einer neuen Identität Spaniens durch die Rückbesinnung auf seine kulturelle Vergangenheit suchte. Miguel de Unamuno (*Vida de Don Quijote y Sancho*, 1905) sah in Don Quijotes Scheitern eine Niederlage des Idealismus gegen eine verbürgerlichte, materialistische Umwelt und damit einen falschen, mißlungenen Schluß.

Die neuere Forschung hat hier andere Akzente gesetzt, indem sie nicht von der Überwindung oder dem Widerruf der »Verrücktheit« sprach und den *Don Quijote* nicht länger als modernen Desillusionsroman las. Sie hob die positiven Aspekte des Schlusses hervor, indem sie die Einheit von Verrücktheit und Vernunft betonte und so die Einheit auch des Romans erst herstellte. Dessen »modernes« Element lag damit nicht in der Desillusion Don Quijotes, sondern darin, daß der Protagonist, der in den mittelalterlichen Ritterromanen problemlos in einer in sich sinnhaften Umwelt aufging, ihr hier fremd gegenübersteht und der Welt im Verstehen erst ihren Sinn gibt. Mit dieser subjektiven Wendung wird seine Verrücktheit ganz neu gedeutet: sie ist die eines Interpreten. Don Quijotes Narrheit tritt in der Deutung seiner Abenteuer, besonders seiner Niederlagen, zutage. Durch den Hinweis auf böse Zauberer finden noch seine Mißerfolge ihre plausible Erklärung. Zu Recht hat daher Hegel[13] präzisiert:

13 G. W. F. Hegel, *Sämtliche Werke*, hrsg. von Hermann Glockner, Bd. 13, Stuttgart ³1953, S. 215 (*Vorlesungen über die Ästhetik*, Bd. 2).

»Don Quixote ist ein in der Verrücktheit seiner selbst und seiner Sache vollkommen sicheres Gemüth, oder vielmehr ist nur dieß die Verrücktheit, daß er seiner und seiner Sache so sicher ist und bleibt.« So unterwirft er sich nicht dem »normalen« Lauf der Welt, sondern versucht die Welt seiner Phantasie zu unterwerfen. Geradezu ein Lehrstück für diese Art der Verrücktheit und das von ihr bewirkte Vertauschen von Wunsch und Wirklichkeit liefert die berühmte Episode von der verzauberten Dulcinea.

Im 10. Kapitel des zweiten Teils findet sich die lang hinausgezögerte Szene, in der Don Quijote zum erstenmal seiner angebeteten Dulcinea zu begegnen glaubt. Das Abenteuer wird von Sancho Panza inszeniert, der die nächstbeste Bauerndirne engagiert und sie mit ihren Begleiterinnen Don Quijote als dessen Herrin präsentiert. Dieser aber, der alle Welt nach seinem Willen formt und Windmühlen zu Riesen macht, sieht sich zum erstenmal von seiner Einbildungskraft verlassen. Er sieht nur das, was sich seinen Augen in Wirklichkeit darbietet. Aber seine Ratlosigkeit und Betroffenheit sind nur von kurzer Dauer. Er findet rasch einen Weg, sich die Illusion der idealen Liebe zu erhalten: Dulcinea ist verzaubert worden. Es ist das Werk von Dämonen, daß seine Herrin sich ihm anders zeigt, als er sie sich erträumt hat.

Dulcinea ist so von einer Doppeldeutigkeit, die der janusköpfigen Gestalt Don Quijotes entspricht. In ihrer realen Rolle als Aldonza Lorenzo aus Toboso steht sie für die Banalität des Lebens, mit der der Autor Cervantes die Verherrlichung des ritterlichen Frauenideals zerstört, die zur reinen Pose degradiert ist. »Ich bin verliebt, aber aus keinem andern Grund, als weil jeder fahrende Ritter es notwendig sein muß; und indem ich es bin, gehör ich doch nicht zu denen, die sinnlich lieben, sondern zu den enthaltsamen Platonikern«, sagt Don Quijote am Hof des Herzogs (II,32).

In den Augen Don Quijotes wird Dulcinea dagegen zu einer vollkommenen Dame überhöht. Sie erscheint ihm bescheiden und würdevoll, in seelischer Größe und Anmut:

»Dulcinea hat meinen Arm zum Werkzeug ihrer Heldentaten genommen. Sie kämpft in mir, und in ihr lebe ich und atme und habe Leben und Dasein in ihr« (I,30). Dieses Frauenbild steht in der Tradition der Minnesänger und Troubadours und verbindet sich mit christlichen Elementen des Marienkults. Das Wechselverhältnis zwischen Dame und Ritter verdeutlicht Don Quijote seinem Schildknappen: »Denn du mußt wissen, Sancho, nach diesem unserm Ritterbrauch ist es eine große Ehre, wenn eine Dame viele fahrende Ritter hat, die ihr dienen, ohne daß deren Gedanken auf ein weiteres Ziel gehen, als ihr zu dienen und ihr einzig und allein deshalb zu dienen, weil sie die hohe Dame ist, die sie ist, und ohne einen andern Lohn für ihr vielfaches und tugendsames Streben zu erhoffen, als daß die Dame dareinwillige, sie zu ihren Rittern anzunehmen.« Diese Haltung vergleicht Sancho Panza mit der Liebe zu Gott: »Mit dieser Art Liebe, habe ich predigen hören, soll Gott lediglich um seiner selbst willen geliebt werden, ohne daß uns Hoffnung auf Himmelslohn oder Furcht vor Höllenstrafe treibt« (I,31). Es wäre eine lohnende Aufgabe für die Cervantes-Forschung, die ständig changierenden Bilder der Aldonza Lorenzo/Dulcinea und des Don Quijote / Alonso Quijano in ihrem wechselseitigen Bezug einmal näher zu untersuchen.

Dieses Changieren des Protagonisten, das Problem, ob er Held oder Narr ist, wird in einem weiteren Zusammenhang sichtbar, in dem sich auch die Frage nach der Einheit des Romans wieder stellt: in den zahlreichen eingeschobenen Novellen. Unter ihnen nimmt die Novelle »Der törichte Vorwitz« (»Curioso impertinente«, I,33–35) einen besonderen Platz ein. Sie gehört zu den größeren Einschüben des *Don Quijote* und scheint darüber hinaus auf den ersten Blick keinen Zusammenhang mit der Haupthandlung zu haben. Dazu zählen des weiteren die Geschichte von Marcela und Grisóstomo (I,11–14), die Liebesgeschichte um Don Fernando, Dorotea, Cardenio und Luscinda (I,29–32 und I,36–38), die Erzählung des Algiersklaven (I,39–41) und die daran anschließende Geschichte des Oberrichters und seiner Tochter (I,42 f.).

Im Gegensatz zu den Personen dieser Erzählungen tauchen die Gestalten der Geschichte vom törichten Vorwitz nicht mehr in der Haupthandlung auf. Die Geschichte wird zufällig in einem Bücherpaket gefunden, und der schriftkundige Pfarrer liest der Gesellschaft zur Unterhaltung daraus vor, während Don Quijote in einem Nebenraum des Wirtshauses friedlich schläft.

Diese Einschübe nehmen mehr als ein Drittel des ersten Teils ein. Sie müssen schon zu Cervantes' Zeiten als störend kritisiert worden sein, denn der Baccalaureus Sansón Carrasco führt beispielhaft aus (II,3): »Einer von den Vorwürfen, die man gegen besagte Geschichte erhebt [...], ist, daß der Verfasser eine Novelle in sie eingeflochten hat, betitelt ›Der törichte Vorwitz‹; nicht deshalb, weil sie schlecht oder schlecht erzählt wäre, sondern weil sie nicht dahin gehöre und nichts mit der Geschichte Seiner Gnaden des Señor Don Quijote zu tun habe.«

Dagegen hat Neuschäfer herausgearbeitet, daß die Haupthandlung und die eingeschobenen Geschichten in der Regel durch eine kontrastreiche Komposition miteinander verbunden sind, die sich auch auf die sozialen Klassenunterschiede bezieht. Die Novellen spielen durchweg auf einer sozial höheren Realitätsebene. Durch sie wird neben der Welt der Eseltreiber und Schenkenwirte, in der die Haupthandlung angesiedelt ist, auch die Welt der Aristokratie und des Großbürgertums sichtbar. Das Bild der dargestellten Welt wird so komplettiert.

Diese Komplettierung gilt aber noch in einem anderen Sinne. Wie der Erzähler des *Don Quijote* versichert, entspringen die Novellen dem Bedürfnis nach Abwechslung und größerer inhaltlicher Breite, aber auch nach höherer Bedeutung. Im Sinne der aristotelischen Unterscheidung zwischen Historie und Poesie werden der Haupthandlung und den in sie eingestreuten Erzählungen so ein historisch partikularer und ein poetisch allgemeiner Aspekt bei der Darstellung der Welt zugeschrieben. Beide Elemente waren in den Ritterromanen der Zeit in vielfacher Weise unzulässig vermischt worden: die Idealität der ritterlichen Welt war – in dem Maße, wie sie durch die realgeschichtliche Entwicklung an Glaubwürdigkeit verlor – mit den Mitteln der historischen Chronik in ihrem Wahrheitsanspruch abgesichert worden. Durch die Einführung verschiedener Wirklichkeitsebenen wird diese Vermischung von Cervantes aufgehoben, doch werden die eingeschobenen Novellen nun in einer besonderen Weise auf die Haupthandlung bezogen. Sie haben die Aufgabe, das Besondere in der Darstellung des Hauptgeschehens in einen weiteren Rahmen zu stellen und in den Abenteuern Don Quijotes etwas Notwendiges und Allgemeines sichtbar zu machen. Von hier aus erklären sich auch die thematischen Verbindungen zwischen der Haupterzählung und den Erzählungen in der Erzählung.

Dies gilt vor allem für das bekannte Dreiecksverhältnis zwischen Frau, Ehemann und Freund. Es stammt aus der italienischen Novellistik und dient in der Erzählung »Der törichte Vorwitz« der Spiegelung der Verrücktheit in ähnlicher Weise wie im *Don Quijote* mit lehrhaftem Ausgang. Das Spiel mit dem Feuer, das Anselmo selbst als verrückt bezeichnet, führt zu jener Tugendprobe, die den tragischen Ausgang vorherahnen läßt.

Anselmo ist ebenso wie Don Quijote von der Suche nach einem Ideal wie von einer fixen Idee besessen, so daß die bestehende moralische Ordnung ins Wanken gerät. Und wie sieht es mit der Lehre in den beiden Vergleichsbeispielen aus? »Wie in der Haupthandlung, so gilt auch hier, daß die Erwartung, die vom Idealfall ausgeht, nicht deshalb enttäuscht wird, weil die Wirklichkeit so viel schlechter ist, sondern vor allem deshalb, weil die Wirklichkeit ganz anders als das Ideal und überhaupt nicht mit diesem zu vergleichen ist.«[14]

14 Neuschäfer, *Der Sinn der Parodie im Don Quijote*, S. 79.

Die Haupthandlung gewinnt durch die eingeschobene Novelle einen verallgemeinernden Aspekt. Das Ende der Geschichte »Der törichte Vorwitz« nimmt den Schluß des *Don Quijote* in gleichnishafter Weise vorweg. Diese antizipierende Funktion ist so feinsinnig gesponnen, daß sie Lehr- und Unterhaltungsfunktion auf unaufdringliche Weise miteinander verbindet.

## Utopie und Gegenutopie

In einem anregenden Buch gleichen Titels (*Utopía y contrautopía en el »Quijote«*, 1976) hat der spanische Sozialhistoriker José Antonio Maravall seine Untersuchungen zum *Don Quijote* zusammengefaßt. Anknüpfend an Arbeiten Marcel Bataillons analysierte er die Ideenwelt des *Don Quijote* unter bestimmten Aspekten als Bewußtsein einer tiefen Gesellschaftskrise am Wendepunkt zwischen Mittelalter und Neuzeit.

Laut Maravall bewegte Cervantes ein melancholisches Leiden am Niedergang des spanischen Imperiums und am Scheitern aller Reformen zu seinem *Don Quijote*. Seine systematische Betrachtung der Begriffe »Natur« und »Erfahrung« zeige deutlich den Bruch mit der scholastischen und mittelalterlichen Tradition und die Anlehnung an die Empirie der Neuzeit. Der *Don Quijote* sei damit nicht nur das Werk eines Schriftstellers, sondern enthalte auch »Bruchstücke einer großen gesellschaftspolitischen Konfession«, die sich zwischen den Polen der mittelalterlichen und (meist) von Erasmus von Rotterdam (1469–1536) gespeisten Tradition bemessen ließe.

Cervantes hat seine Hoffnungen und Prophezeiungen, die von immer neuen Berichten aus den neu entdeckten Ländern genährt wurden, in die Form der Utopie gekleidet. Im Ringen mit den gegenreformatorischen Bewegungen seiner Zeit nahm sein Werk eine ähnlich bedeutende Rolle wie die *Utopia* von Thomas Morus (1516) oder der *Sonnenstaat* von Tommaso Campanella (1623) ein. Aus der Perspektive des Bauern und des Ritters (des Rittertums als Bestandteil der ländlichen Welt) ließen sich die utopischen Möglichkeiten als Inseln in einer repressiven Welt am einleuchtendsten darstellen.

Der historische Hintergrund wird durch drei herausragende Ereignisse markiert: durch die Herrschaft der Katholischen Könige Isabella von Kastilien und Ferdinand von Aragón, die durch ihre Heirat im Jahre 1479 ihre Kronen vereinigen und so die Grundlage und Voraussetzung der Reichseinheit schaffen; durch das Ende der Reconquista mit der Eroberung Granadas am 2. Januar 1492; schließlich durch die Entdeckung Amerikas durch Kolumbus am 12. Oktober 1492, die Spanien über Nacht zu einer Weltmacht werden läßt. Spanien trat damit in das Stadium des Frühkapitalismus ein. Die Hoffnungen, die man in ein einiges, großes Reich setzte, »in dem die Sonne nicht untergeht« (Karl I., 1516–56), zerstoben aber rasch. Mit jedem Gewürzschiff, das aus Übersee kam, verschuldeten sich die Habsburger mehr. Der Prozeß der landwirtschaftlichen Verelendung wurde durch die Vertreibung der getauften Juden und Araber beschleunigt. Durch den blutig niedergeschlagenen Aufstand der »Comuneros« (1520–22) verlor das spanische Bürgertum seine letzten privilegierten Rechte gegenüber Adel, Klerus und Monarchie. Der neue Staat ruhte auf drei Säulen: auf dem Berufsheer, der Geldwirtschaft und der Bürokratie. Der »verfluchte Hunger nach Gold« (Horaz) war der Beweggrund für Kriege und Eroberungen.

Die Kämpfe des Don Quijote dienen dagegen ideellen Zielen: das Unrecht zu wenden und den Bedürftigen zu helfen. Wenn man die Abenteuer des Don Quijote als Kritik an der Profit- und Beutegier seiner Zeitgenossen interpretiert, kommt man dem utopischen Charakter des Romans nahe. Für Cervantes ist Don Dinero (›Geld‹) zwar ein mächtiger Ritter – um mit einem berühmten Vers Quevedos zu reden –, aber er ist kein Gradmesser für den Wert zwischenmenschlicher Beziehungen. Darin liegt der humanistische Gehalt des Werkes. Inmitten einer noch feudalen Rangordnung bemüht sich der fahrende Ritter um die Wiederherstellung bröckelnder Tugenden. Sein Altruismus prallt in vielen Episoden auf die neue utilitaristische Kauf- und Tauschgesellschaft. Die Welt der archaischen Produktionsweise, in der Don Quijote sich bewegt, ist weit von der Eingliederung in eine arbeitsteilige Welt entfernt. Die stoische und christliche Bescheidenheitsformel gilt noch für alle materiellen Dinge.

Es wäre interessant, das Ethos der verschiedenen Klassen im damaligen Europa auf der Basis der unterschiedlichen Eigentums- und Produktionsverhältnisse zu vergleichen. Zumindest würden daraus erste Ansätze einer gesteuerten Konsumgesellschaft zu erkennen sein. Reichtum bedeutet Macht; aber diese Formel ist Don Quijote nicht einsichtig. Fray Antonio de Guevara (1480?–1545), der Hofprediger Karls V., hob in seinem europäischen Bucherfolg *Menosprecio de corte y alabanza de aldea* (*Verachtung des Hofes und Lob des Dorfes*, 1539) die Indifferenz der Landbewohner gegenüber der Profit- und Geldgier der Städter hervor. Diese Haltung nimmt auch Don Quijote ein, selbst wenn er über allzu große Armut bewegte Klage führt.

In der Episode mit der Santa Hermandad (der Heiligen Bruderschaft, I,45) zeigt sich Don Quijotes Zusammenprall mit der repressiven Rechtsorganisation seiner Zeit. Sein Temperament rebelliert aus vollem Herzen gegen diese Institution, die sich in ihren Auswüchsen vor allem gegen die Landbevölkerung richtete.

Die Herausbildung eines allmächtigen Staates mit seinen Polypenarmen wurde von Don Quijote durch seine Aktionen ebenso kritisiert. In dieser Kritik übertriebener Staatsauswüchse und ihrer Repräsentanten war sich Cervantes mit vielen Humanisten einig. So setzt Don Quijote gegen die Staatsräson und gegen die militärische Disziplin sein eigenes Bewußtsein von Recht und Unrecht. Er sucht sich seine Gegner selbst aus, so wie sie ihm Straße und Einbildung entgegenführen und tritt ihnen mit dem stereotypen Waffenarsenal seines Standes entgegen. Strategische Erwägungen und Kalküls, wie sie die Militärs seiner Zeit beschäftigten, leiten ihn nicht. Noch weniger reizen ihn die großen Schlachtfelder seiner Zeit. Die Verwissenschaftlichung des Krieges mit immer neuen ballistischen und logistischen Finessen bekümmert Don Quijote nicht.

Die Beziehung Don Quijotes zu seinem Schildknappen Sancho Panza ist ebenso »rückständig«: sie spricht jedem Söldner- und Lohnverhältnis Hohn. Es gibt keine Kontobücher und keine Gehaltsabrechnungen, mit denen die Dienste Sancho Panzas entgolten werden. Selbst wenn Don Quijote eine seiner generösen Entschädigungen (etwa für den gestohlenen Esel Sanchos, II,3) anbietet, werden sie nirgends schriftlich fixiert. Dies gründet schon in der Rolle Don Quijotes, denn der fahrende Ritter war in jener Zeit ein archaisches Fossil. Die Komik des Romans beruht gerade auf diesem Zusammenprall zwischen alter und neuer Zeit. Cervantes' Roman läßt sich in diesem Sinne als Kritik an jeder evasiven Utopie gegenüber den neuen Verhältnissen interpretieren. Aber er führt auch zum Nachdenken über das blinde Aufstiegs-, Fortschritts- und Wachstumsdenken seiner Zeit, das in den barocken Wappensprüchen wie »Heute Bettler, morgen Edelmann« seine Entsprechung fand.

Die Verbürgerlichung, Korruption und Funktionslosigkeit des Ritterstandes war Cervantes selbstverständlich bekannt, denn sie deutete sich schon lange an. Das soziale Ansehen der Caballeros sank umgekehrt proportional zu dem Prestige des Berufssoldaten auf den Schlachtfeldern der Habsburger und zu dem Draufgängertum und den Erfolgen der Conquistadoren in Übersee.

Das Leben Don Quijotes spielt sich so in zwei festgefügten Ordnungsgebäuden ab: in der Gesellschaft seiner Zeit und in seiner eigenen Ritterethik. Mit fortlaufender Handlung stoßen diese beiden Welten immer härter aufeinander. Die Konflikte resultieren dabei einerseits aus der Weigerung Don Quijotes, sich den Normen der frühbürgerlichen Gesellschaft unterzuordnen, andererseits aus der Weigerung dieser Gesellschaft, auf die Wertordnung Don Quijotes einzugehen. Der Individualismus Don Quijotes ist damit auch ein humanistisches Erbe, ein Element der Rebellion gegen die heraufdämmernde Vermassung und Entfremdung des Individuums. Selbst die moralisierenden Reformversuche des Tridentinischen Konzils (1546–63) finden keinen Eingang in seinen Charakter. Theologisch gesehen kreist die Diskussion um die Auslegung des vielzitierten »freien Willens«, der zwischen Lutheranertum und Erasmismus immer wieder den Argwohn der Inquisitoren erregte.

Wie eine Kritik an den engen Verhältnissen der habsburgisch-katholischen Universalmonarchie klingen wiederum die Sätze Ricotes (II,54): »Ich ging nach Italien, kam nach Deutschland, und dort, kam es mir vor, könne man mit größerer Freiheit weilen, weil die Bewohner des Landes es mit vielen Dingen nicht so genau nehmen; jeder lebt, wie es ihm behagt, denn in dem größten Teile des Landes herrscht Gewissensfreiheit.«

Seit Huizingas *Herbst des Mittelalters* (1919) wissen wir, daß es schon im späten Mittelalter eine Nostalgie nach vergangenen Zeiten gab. Sie ist wohl als ein Unbehagen an der kommenden Leistungsgesellschaft zu verstehen, doch muß sie differenzierter aufgefächert werden: in den Weg der Verweigerung, der alle seine Hoffnung auf ein besseres Leben im Jenseits setzt; in die Traumwelt, die sich in phantasievolle Bilder *sui generis* einwebt und in den Glauben an den Fortschritt und an eine bessere Welt. Don Quijote reiht sich in diese letzte Richtung ein. Sein missionarischer Eifer läßt ihn mit ungleichen Waffen gegen das Gewicht der Institutionen anrennen.

Die Umdeutung der Realität durch Don Quijote ist daher mehr als ein literarischer Kunstgriff des Autors. Sie ist die Sehnsucht nach einer Welt der Phantasie und Kreativität, die in der aufkommenden Haifischgesellschaft, in welcher »der Mensch dem Menschen ein Wolf« ist (Hobbes), immer mehr unterzugehen droht. Im Rahmen seines Ritterideals und seines Ehrbegriffs lassen sich die Taten Don Quijotes nicht als verrückt belächeln. Wenn ihm die Windmühlen als Riesen, das Gasthaus als Schloß, die Schafherde als Heer, das Barbierbecken als Helm usw. gelten, so ist ihm die Idee des Kampfes für mehr Gerechtigkeit allemal wichtiger als die Verzauberung.

Glanzpunkte der Utopien und gegenutopischen Entwürfe im *Don Quijote* sind zweifellos die Rede über das Goldene Zeitalter (I,10) und die Regierungsepisode Sanchos auf der Insel Barataria. Es wäre verfehlt, diese Episode als rein literarischen Topos zu deuten. Die Darstellung des Goldenen Zeitalters, die sich von der Antike über die Renaissance bis ins 18. Jh. hinein erhalten hat, dient Cervantes vielmehr dazu, die Güte des Menschen im Naturzustand zu zeigen und das Streben Don Quijotes nach einer Wiederherstellung dieses »état naturel« weniger utopisch wirken zu lassen.

Literarisch gesehen, steht die Rede vom Goldenen Zeitalter in der Tradition von Ovid und Vergil sowie ihrer Nachahmer, unter ihnen vor allem Fray Antonio de Guevaras *Marco Aurelio o Reloj de Príncipes* (*Mark Aurel oder Fürstenuhr*, 1529). Im Gegensatz zu seinen antiken Vorbildern, die den Naturzustand betonten, hebt Cervantes aber stärker die wirtschaftlichen, sozialen und politischen Beziehungen der Menschen untereinander hervor. Die Utopien Don Quijotes sind, was die Beschreibung des Naturzustandes betrifft, damit nicht idealistisch, sondern recht konkret angelegt. Dennoch wäre es verfehlt, sie (wie L. Osterc) als Urkommunismus oder als Vorläuferinnen moderner sozialer Bewegungen wie Sozialismus, Kommunismus oder Anarchismus zu bezeichnen, weil jeder Bezug zu den Klassengegensätzen fehlt.

Nicht anders verhält es sich mit den Schäferepisoden, die ebenfalls als praktische Versuche der Rückkehr in den Naturzustand zu verstehen sind. Das Wunschbild von der arkadischen Freiheit, das die Fürsten im Sommer auf ihre Landsitze zieht, ist kein bloß literarischer Topos, sondern hat konkrete gesellschaftliche Gründe. Dazu zählt nicht nur die Erfahrung von der Einfachheit und Ruhe des Landlebens im Gegensatz zur wachsenden Turbulenz in den Städten; die Hirten waren auch in einer Gilde (*mesta*) zusammengefaßt, die mit einer eigenen Jurisdiktion und Exekutive ausgestattet war. So hat Cervantes in der Darstellung bzw. der Parodie des pastoralen Eldorados eine Wandlung durchgemacht. Während er sich in der *Galatea* (1585) noch als untalentierter Nachahmer der Schäferromane Sannazaros, Montemayors, Gil Polos und Gálvez de Montalvos zeigt, läßt sich im *Don Quijote* (besonders II,67 und 73) eine gewisse Distanzierung vom Schematismus der Gattung ablesen. Denn als Don Quijote nach der Niederlage im Duell gegen den Ritter vom weißen Mond der Ritterschaft für ein Jahr zu entsagen verspricht, läßt er sich vom Dekor der Schäferromane inspirieren (II,67): »Ich will etliche Schafe kaufen nebst allem andern, was zum Hirtenleben nötig ist; dann nenne ich mich Schäfer Quijotiz und dich Schäfer Pansino, und wir durchziehen die Waldberge, die Haine und die Wiesen, hier singend, dort wehklagend und trinkend von den flüssigen Kristallen der Quellen oder auch der klaren Bächlein oder der wasserreichen Ströme. Mit reichgefüllten Händen bieten uns dann die Eichen ihre süße Frucht, einen Sitz die Stämme der harten Korkbäume, Schatten die Weiden am Bach, Wohlgeruch die Rosen, Teppiche in tausend Farben schillernd die weitgedehnten Wiesen; die Lüfte ihren heiteren reinen Atem, Mond und Sterne ihr Licht [...].«

Ritter- und Schäfertum sind zwei Kehrseiten ein und derselben Medaille. Nichts spricht besser für die utopische Struktureinheit im Werk des Cervantes, als daß er noch auf seinem Sterbebett versprach, seinen frühen Schäferroman, die *Galatea*, abzuschließen, wenn er »wie durch ein Wunder« mit dem Leben davonkommen sollte.

Die Verwirklichung der Utopie des Goldenen Zeitalters lag, wie im *Don Quijote* sichtbar wird, durchaus im Bereich des Möglichen, aber der Mikrokosmos der Insel Barataria scheiterte bei einer hypothetischen Übertragung ins Große an den realen politischen Zwängen seiner Zeit. Die Ratschläge Don Quijotes an seinen Statthalter Sancho Panza lesen sich wie ein Fürstenspiegel in nuce, aber sie gewinnen erst Gewicht durch die pragmatische Umsetzung des Schildknappen, der das Volk mit seinem gesunden Menschenverstand verkörpert. Der jahrhundertelang gewachsene Sprichwörterschatz des Volkes, den Sancho ständig parat hat, spiegelt zwar auch die alten Herrschaftsverhältnisse wider, aber er gibt auch ein Vademecum an Erfahrungen für alle Konfliktsituationen her. Don Quijote kritisiert daher die mechanistische Anwendung dieser Sprichwörter, aber er führt selbst die »Weisheit des Volkes« im Munde.

*Gustave Doré: Don Quijote, umdrängt von seinen Visionen.*
*Frontispiz der Ausgabe Paris 1863*

# Die Spiegelung der spanischen Gesellschaft

Von Heinrich Heine stammt der lakonische Satz: »Ebensowenig wie antikatholische finden wir auch antiabsolutistische Klänge im *Don Quixote*. Kritiker, welche dergleichen darin wittern, sind offenbar im Irrtum.«[15] Demgegenüber steht die optimistische Aussage Georgi Dimitrovs auf einem antifaschistischen Abend im Moskauer Haus der Schriftsteller in den dreißiger Jahren: »Zu ihrer Zeit hat die revolutionäre Bourgeoisie einen heftigen Kampf für die Sache ihrer Klasse geführt, mit allen Mitteln, auch mit dem der schönen Literatur. Was hat die Reste der Ritterschaft zum allgemeinen Gelächter gemacht? Cervantes' ›Don Quichotte‹. Der ›Don Quichotte‹ war die stärkste Waffe in den Händen der Bourgeoisie in ihrem Kampfe gegen den Feudalismus, gegen die Aristokratie. Das revolutionäre Proletariat braucht wenigstens einen einzigen kleinen Cervantes (Heiterkeit), der ihm eine ebensolche Waffe geben könnte (Heiterkeit, Beifall.).«[16]

Zur Zeit des Cervantes gliederte sich die spanische Gesellschaft pyramidenartig in stark ausdifferenzierte Stände, an deren Spitze der König stand, der nur Gott untertan war. Den Hochadel bildeten von Geburt an etwa 100 Granden, während der mittlere Adel (*caballeros*) aus den Mitgliedern der vier Ritterorden Montesa, Alcántara, Calatrava, Santiago als Verdienstadel durch Ernennung bestand. Don Quijote ist in den verarmten niederen Adel einzureihen. Zu den privilegierten Ständen gehörte weiterhin der Klerus (mit Steuerfreiheit und eigener Gerichtsbarkeit).

Seit dem 14. Jahrhundert hatte sich ein aufstrebendes Bürgertum herausgebildet, das zwar durch Karl V. seiner Stadtrechte weitgehend beraubt war, das aber besonders von dem

15 Nachwort Heines (1837) zur *Don Quijote*-Übersetzung von L. Tieck, Nachdr. Gütersloh 1961, S. 12.

16 Zit. nach: Georg Lukács, »Es geht um Realismus«, in: *Marxismus und Literatur*, hrsg. von Fritz J. Raddatz, Bd. 2, Reinbek bei Hamburg 1969, S. 60.

Amerikahandel wirtschaftlich profitierte. Innerhalb des Bürgertums bildete sich die Gruppe der Akademiker (*letrados*) heraus, denen viele Schriftsteller entstammten; oft waren die Autoren aber auch Geistliche, ohne auf ihr weltliches Leben zu verzichten. Das Militär war zu einem Söldnerheer formiert, das für den Kampf auf Kriegsschauplätzen in fast ganz Europa und in Übersee unter Vertrag genommen wurde. Der im Mittelalter geachtete Bauernstand wurde im 17. Jahrhundert durch die Wanderhorden und den Aufkauf des Bodens durch Adel und Majoratsherren, die in den Kolonien zu Geld gekommen waren, ruiniert.

Durch die starke Landflucht bildeten sich in den Städten eine plebejische Unterschicht und ein organisiertes Verbrechertum, wie es in den Schelmenromanen und in Cervantes' Novelle *Rinconete y Cortadillo* (1614) geschildert ist.

Für das Staatsverständnis Cervantes' sind vor allem die Rede zum Goldenen Zeitalter (I,11) und der Diskurs über die Waffen und Wissenschaften (I,38 f.) von Bedeutung. Cervantes entwirft dort, aber auch an anderen Stellen, von seinem humanistischen Weltbild aus eine Kritik an dem gegenwärtigen »verabscheuungswürdigen Zeitalter«, in dem es weder Frieden noch Freundschaft oder Eintracht gebe, in dem Betrug und Böswilligkeit herrschten, in dem die Justiz bestechlich und die Tugend käuflich sei.

Am Beispiel des Adels nimmt das Thema der Abstammung (Geburts- und Verdienstadel in beiden Teilen des *Don Quijote* einen großen Raum ein. Die seit der feudalistischen Weltordnung als gottgegeben hingestellte Ungleichheit unter den Menschen wird in den Gesprächen zwischen Don Quijote und Sancho Panza häufig hinterfragt. Als Sancho sich als »Christ von altem Blut« nach dem inquisitorischen Rassenprinzip der »Reinheit des Blutes« bezeichnet und damit eine der Bedingungen zum Aufstieg in den Adel erfüllt, erwidert Don Quijote: »Genug und mehr als genug [...], und wärest du es sogar nicht, so tät es auch nichts zur Sache; denn wenn ich König bin, kann ich dir den Adel verleihen, ohne daß du ihn kaufst oder mir irgend Dienste dafür leistest« (I,21). Die Vergänglichkeit des Auf- und Abstiegs von Adelsgeschlechtern, wie sie aus zahlreichen historischen Beispielen hervorgeht, läßt Don Quijote schließlich den gesellschaftlichen Ehrgeiz als nicht erstrebenswert erscheinen. In seinem Exkurs über die Entstehung der Geschlechter (II,6) mündet er in die beiden Wege ein, auf denen der Mensch zu Reichtum und Ehre gelangen könne: in den Wissenschaften und im Waffenhandwerk.

Diese Auffassung führt in der Auseinandersetzung mit realen Konflikten zu tragikomischen Situationen. Als Don Quijote einen Bauern beim Auspeitschen seines Knechtes überrascht, appelliert er an dessen Ritterlichkeit. Der Knecht Andrés aber rückt Don Quijotes Perspektive zurecht: »Bedenke Euer Gnaden, Herr, was Ihr da saget [. . .], denn dieser mein Dienstherr ist kein Ritter, hat auch keinerlei Ritterorden empfangen; er ist Juan Haldudo der Reiche, Bürger zu Quintanar.« »Das tut wenig zur Sache«, erwiderte Don Quijote, »denn es kann Haldudos geben, die Ritter sind; um so mehr, da jeder der Sohn seiner Taten ist« (I,4). Hier sind Klassenschranken aufgehoben, und der Mensch wird allein an seiner Mitmenschlichkeit gemessen.

Als der Herzog an der edlen Abstammung Dulcineas zweifelt, entgegnet Don Quijote, »daß Dulcinea die Tochter ihrer Taten ist und daß Tugenden das Blut veredeln und daß der Niedriggeborene, wenn tugendhaft, mehr zu schätzen und höherzuhalten ist als der Lasterhafte von hoher Stellung« (II,32). Dieses Ethos und diese Standesehre – wie sie auch bei anderen Schriftstellern des »Siglo de Oro« zum Ausdruck kommen – standen diametral dem statischen Klassenschema des Feudalismus und der Kirche entgegen. War es das harmlose Ventil und die Freiheit der Narren, die der Staat seinen Intellektuellen einräumte?

Jede Klasse ist vom Willen zum gesellschaftlichen Aufstieg beseelt, weil sie häufig nur die Schokoladenseite der erstrebten Lebensumstände sieht. Als die Haushälterin Don Quijote fragt: »Warum also [. . .] könnte Euer Gnaden nicht einer von denen sein, die in aller Ruhe ihrem Herrn und König dienen und deshalb am Hofe leben?«, erhält sie zur Antwort: »Sieh, meine Liebe [. . .], nicht alle Ritter können Hofleute sein, und nicht alle Hofleute können oder sollen fahrende Ritter sein« (II,6). Dieser humanistischen Haltung widersprechen nicht die Widmungen Cervantes' an seine adligen Gönner, weil diese allein Ausdruck des Dankes für empfangene Hilfe sind.

Die Kritik am Leben der Herrscher ist wesentlich verhüllter und in Ironie und Humor gekleidet. In dem Abenteuer mit dem Puppenspiel des Meisters Pedro, alias Ginés de Pasamonte, verwundet Don Quijote just den König Marsilius schwer und spaltet Kaiser Karl dem Großen Krone und Kopf in zwei Teile (II,26). Die Bühne dient Don Quijote auch bei anderer Gelegenheit als künstlerisches Spiegelbild des Lebens. Im Gespräch mit Sancho rekapituliert Don Quijote das Abenteuer mit der Theatertruppe. Das Zusammenspiel der Könige, Kaiser, Päpste, Edelfrauen, Kaufleute, Soldaten, Raufbolde, Tölpel deutet auf die Rollenverteilung im Stück; nach dem Vorhang seien alle Schauspieler sich wieder gleich (II,12). Das Leben als Welttheater und der Tod als letzter Regisseur des Lebens sind zwei Lieblingsgedanken des Barock (Calderón, *Das Große Welttheater* und *Das Leben ein Traum*; Gracián, *Criticón*; u. a.).

Das Verhältnis des Autors zu den Grandes läßt sich am besten in den 29 Kapiteln des zweiten Teils am Herzogshofe studieren. Die ausführliche Schilderung des Müßiggangs und der Drang nach Unterhaltung gewinnen im Kontrast zu den Szenen des einfachen Volkes ihre besondere Relevanz. Don Quijotes Aufbruch nach Zaragoza entspringt der Einsicht, daß das Leben bei Hofe unvereinbar mit den Prinzipien der fahrenden Ritterschaft sei (II,52): »und er dachte sich, er würde dereinst dem Himmel strenge Rechenschaft ablegen müssen für dieses tatenlose zurückgezogene Leben« (II,57).

Das Leben der fahrenden Ritter wird als »vita activa« gerne in Gegensatz zum parasitären Dasein bei Hofe gesetzt. Im

Löwenabenteuer heißt es: »Schöner ist es [...], wenn ein fahrender Ritter irgendwo in einer verlassenen Öde einer Witwe zu Hilfe eilt, als wenn in den großen Städten ein Ritter vom Hofe ein Fräulein mit Liebesworten umwirbt« (II,17). Wenig später klagt Don Quijote mit deutlicher Anspielung dem Ritter vom grünen Mantel, »allein heutzutage, um der Sünden der Menschheit willen, triumphieren Trägheit, Müßiggang, Schwelgerei und Üppigkeit« (II,18).

Für Heinrich Heine bestand die Modernität des *Don Quijote* darin, daß er »in den Ritterroman die getreue Schilderung der niederen Klassen einführte, indem er ihm das Volksleben beimischte«.[17] In der Tat wird man – abgesehen vom pikaresken Roman – lange suchen müssen, bis man so weitgefächerte und farbenprächtige Schilderungen des spanischen Volkes findet. Während die damalige Epik, Geschichtsschreibung oder geistliche Erbauungsliteratur meist um die Taten großer Persönlichkeiten kreiste, liest sich der *Don Quijote* wie eine »Geschichte der Leute ohne Geschichte«. Die Sympathie des Autors gilt dabei unverkennbar den Armen und Entrechteten. Gemäß dem Auftrag des fahrenden Ritters, »jedem, den die Höheren unterdrücken, beizustehen« (I,22), handelt Don Quijote im Abenteuer mit den Galeerensklaven wider das herrschende Recht als Recht der Herrschenden. So verteidigt er den Knecht Andrés gegen seinen Herrn Juan Haldubo, Marcela gegen die Hirten, Basilio gegen die Freunde Camachos.

Wichtiger ist noch, daß mit der Gestalt Sancho Panzas ein Vertreter des Volkes als zweite Hauptfigur in den Roman Eingang findet. »Ohne tiefere Verbundenheit mit dem Volke wäre es Don Quijote niemals gelungen, den seßhaften Mann mit sich zu reißen und zum Knappen seines fahrenden Rittertums zu weihen. Don Quijotes größter Triumph ist es gewesen, einen seßhaften Bauern am Leitseil seiner Narrheit zu

17 Heine, Nachwort zur *Don Quijote*-Übersetzung von L. Tieck, S. 13.

gängeln, diesen gebundenen Geist in Bewegung zu setzen und den kostbaren Schatz seines Sprichwortwissens in den Umlauf der Rede zu bringen«, sagt Werner Krauss[18] treffend in seiner Cervantes-Biographie.

Es fällt nicht schwer, bei der Darstellung des Lebens anderer, verschiedener Berufsstände kritische Töne herauszuspüren, jedoch wäre es zu gewagt, daraus den Wunsch nach einer neuen Gesellschaftsordnung abzuleiten. Vielmehr neigt Cervantes durch den Mund Don Quijotes zu einer relativierenden Sicht der Probleme. So ist das Fazit in dem Diskurs über die Waffen und Wissenschaften, daß weder der Soldat noch die *letrados* auf Rosen gebettet seien, sondern daß jeder Beruf seine Vor- und Nachteile habe.

Von der Welt des organisierten Verbrechertums hat Cervantes im *Don Quijote* sehr anschauliche Milieuschilderungen gegeben. Als Spiegel der sich verschärfenden Klassengegensätze illustrieren diese Szenen nicht nur die zunehmende Pauperisierung des Volkes, sondern auch eigene Formen der Selbstorganisation, um den Alltag zu überleben. In den Gestalten des Ginés de Pasamonte und des Roque Guinart hat Cervantes zwei verschiedene Lebensweisen verkörpert, die auf dieselben Ursachen zurückzuführen sind.

Katalonien, besonders die Umgebung von Barcelona, wurde im 16. und 17. Jahrhundert von zahlreichen Räuberbanden heimgesucht. Der *bandolerismo*, das Banditentum, erstreckte sich dabei bis Aragón. Wenn man davon ausgeht, daß es sich bei den Räubern um verelendetes Lumpenproletariat handelte, erklärt sich die regionale Konzentration aus dem Reichtum der genannten Regionen und ihrer vielfrequentierten Handelsstraßen. Die je nach Distrikt unterschiedliche Gerichtsbarkeit begünstigte die flexible Arbeitsweise der *bandoleros*. Wenngleich ein großer Teil der Schätze, die aus Lateinamerika kamen, per Schiff nach Italien, in die Niederlande oder nach Deutschland und Öster-

18 Krauss, *Miguel de Cervantes*, S. 159.

reich weitertransportiert wurden, so blieb dennoch genug Kolonialgut für den Landweg übrig.

In ihrer Blütezeit zählten die Banden 300–500 Köpfe, die aus den unzugänglichen Pyrenäentälern in die Ebenen hinabstiegen und die Reisenden oder die Frachttransporte ausplünderten. In den Bergen blühte der Schmuggel, der sich dort bis zum heutigen Tage gehalten hat. Noch im 19. Jahrhundert läßt Mérimée die Zigeunerin Carmen englische Kaufleute verraten und ausplündern, die von Gibraltar ins Landesinnere zogen.

Aus den zahlreichen Appellen, Edikten und Maßnahmen der Habsburger und ihrer Vizekönige läßt sich auf eine beträchtliche Gefährdung der inneren Sicherheit durch die Räuberbanden schließen, die teilweise das gesamte infrastrukturelle Wirtschaftsgefüge weiter Landesteile lahmlegten. Roque Guinart (Perot Roca Guinarda) beispielsweise war eine historische Gestalt. Er bildete eine Bande, die 1610 bis zu 200 Mann stark war. Schließlich wurde er gefangen und zur Verbannung verurteilt. Nach seiner Begnadigung schiffte er sich am 21. Juli 1611 nach Neapel ein, um Kriegsdienste zu leisten.

Seit der Mitte des 16. Jahrhunderts wurden die in Cádiz und Sevilla ausgeschifften Amerikaprodukte auf dem Landweg durch Kastilien und Aragón via Zaragoza/Lérida und Valencia/Tortosa in den Hafen von Barcelona transportiert, wo sie an Bord spanischer Galeeren nach Genua und in andere Mittelmeerhäfen weiterbefördert wurden. Die teilweise durch entlegene und gebirgige Gegenden führenden Wege waren ein Eldorado für die Räuber und ihre Helfershelfer. So machte im Jahre 1583 der Graf von Miranda König Philipp II. auf die Notwendigkeit bewaffneter Eskorten für die Goldtransporte aufmerksam, »denn in diesem Land passieren von einer Stunde zur anderen Dinge, die einen nur unsicher auf den Straßen gehen lassen«. Im Jahre 1613 gelang es dem italienischen Räuberhauptmann »Barbeta« (Pseudonym) trotzdem, sich in der Nähe der spanisch-französischen Grenze bei Cerbère eines Geldtransports mit 111 Säcken zu bemächtigen.[19]

Einen anregenden komparatistischen Versuch zur Erklärung dieses Phänomens in Italien und Südspanien hat der britische Sozialhistoriker Eric J. Hobsbawm in seinem Werk *Sozialrebellen* (1962) vorgelegt: Er kommt darin zu diesen Schlußfolgerungen: »Die Aufständischen zeigen oft nur ein vorsozialistisches Bewußtsein, weil der Sozialrebell einer archaischen Gesellschaft entstammt, die durch die moderne industrielle Produktion zum Untergang verurteilt ist. Der fortschreitende Kapitalismus muß – was er nicht integrieren oder vernichten kann – kriminalisieren. Die vom Kapitalismus Ausgeschlossenen sind indes keine Verbrecher, aber gezwungen, wie Verbrecher zu kämpfen, bis eine allgemeine revolutionäre Situation eintritt.«[20]

Die Konstellation findet sich häufiger in der spanischen Literatur des »Siglo de Oro«. Ihre klassische Ausprägung erhielt sie in dem Theaterstoff vom *Alcalde de Zalamea* (*Richter von Zalamea*, in der Bearbeitung von Calderón und Lope de Vega), wo ein Bauer in seiner Eigenschaft als Dorfrichter Selbstjustiz an dem Hauptmann einer durchziehenden Truppe übt, der die Tochter des Bauern entführt und vergewaltigt hatte. Juristisch einwandfrei wäre es ein Fall für die Militärgerichtsbarkeit gewesen. Erst als der General in seiner gekränkten Soldatenehre die Einäscherung des Dorfes anordnet, tritt wie ein »deus ex machina« der König auf den Plan, heißt das Vorgehen des Bauern gut und verlängert dessen Richteramt auf Lebenszeit: »Rechtlich war der Tod erkannt, und nichts tut ein Fehl im kleinern, wenn man nur den

19 Zu diesem Vorfall und anderen interessanten Einzelheiten vgl. Jaime Vicens Vives (Hrsg.), *Historia de España y América*, Bd. 3, Barcelona [3]1974, S. 148–151.

20 Eric J. Hobsbawm, *Sozialrebellen. Archaische Sozialbewegungen im 19. und 20. Jahrhundert*, aus dem Engl. übers. von Renate Müller-Isenburg und C. Barry Hyams, Neuwied/Berlin [2]1971, S. 286.

Hauptpunkt traf.« Keineswegs aber gab es unter den spanischen Habsburgern einen freien Bauernstand, dem eine eigene Jurisdiktion zustand. Die Beispiele des Roque und des Richters von Zalamea dienen in ihrer versöhnlerischen Lösung vielmehr der Glorifizierung des Königs. Sie zeigen zwar Ungerechtigkeiten in der Gesellschaft auf, ebnen in ihrer harmonisierenden Funktion aber bestehende Gesetzeslücken und Gegensätze wieder ein.

Während die historische Gestalt des Roque Guinart den Typ des »Verbrechers als Gentleman« verkörpert, zeigt sich Ginés de Pasamonte als pikaresker Vertreter seiner Gattung, dessen Autobiographie im Gefängnis wuchs und der auch nach seiner Befreiung durch Don Quijote das ungebundene Räuberleben in anderen Gegenden fortsetzt. Es wird nur zuweilen von »verbürgerlichten« Zeiten als vagabundierender Komödiant abgelöst.

Was das Verhältnis des Cervantes zu den Institutionen seiner Zeit betrifft, so weckt zweifellos die Rolle der Kirche im *Don Quijote* das größte Interesse. Der Klerus war neben dem Adel dank seines Reichtums an Grundbesitz die bedeutendste staatstragende Säule. Die kirchlichen Würdenträger rekrutierten sich aus dem Adel und kehrten bei einer zeitlichen Begrenzung ihrer Tätigkeit wieder in ihn zurück. Sie verfügten über eine eigene Gerichtsbarkeit, die sie auch dazu benutzten, den Zehnten einzutreiben. Die Prasserei und die Habsucht des damaligen Klerus finden sich bis heute in einer Reihe von Redensarten und Sprichwörtern in der spanischen Sprache wieder: etwa in »vivir como un canónigo« (wie ein Kanonikus leben), d. h. ein erzfaules Leben führen; oder in »los dineros del sacristán cantando se vienen cantando se van« (die Gelder des Sakristans kommen und gehen durch Singen), d. h. wie gewonnen, so zerronnen.

In dem Abenteuer mit der Leiche (I,19) konfrontiert Cervantes die hungrigen Don Quijote und Sancho Panza mit einem nächtlichen Fackelzug aus elf Geistlichen und einem Lizentiaten. Dieser Zug findet mit der Plünderung des klerikalen Proviantesels durch Sancho sein abruptes weltliches Ende, und es heißt wenig später: »und hingestreckt in das grüne Gras, nahmen sie zu gleicher Zeit ihr Frühstück, Mittagessen, Vesperbrot und Abendmahl [...], denn dergleichen Herren lassen es sich nicht leicht an etwas fehlen«. Die Kritik versteckt sich in der Parenthese; das Gelächter erstirbt im Halse, und man versteht das Wort Heines, daß Cervantes »die größte Satire gegen die menschliche Begeisterung«[21] schrieb.

Die Darstellung der materiellen Privilegien des Klerus nimmt im *Don Quijote* einen immer wiederkehrenden breiten Raum ein. Die damit verbundene Korruption und Bestechlichkeit beschäftigten sogar das Tridentinische Konzil. Alle Vorschriften zur Besserung der Moral stießen aber auf taube Ohren, weil jede systematische Kontrolle fehlte. Selbst die Eremiten ließen sich von der allgemeinen Verwahrlosung der Sitten anstecken.

In den Äußerungen des Cervantes zur Kirche als Institution glaubt die Forschung am deutlichsten erasmistische Spuren ausgemacht zu haben. Vereinfacht gesagt wird sie überall dort greifbar, wo Cervantes den Glauben am Verhalten der Menschen und nicht an ihrem zeremoniellen Rahmen mißt. Wenn Don Quijote in der Diskussion mit dem Kanonikus darauf hinweist, daß »die Dankbarkeit, die nur aus frommen Wünschen besteht, etwas Totes ist, gerade wie der Glaube ohne Werke tot ist« (I,50), dann verbirgt sich dahinter zweifellos die Kritik an der rein formalen Glaubensauffassung vieler Geistlicher, wie sie auch Erasmus von Rotterdam vorgebracht hatte. Dazu gehören ebenso die gedankenlose Rosenkranzbeterei mit Sühneversprechen wie der schon von den Reformatoren gerügte Ablaßhandel oder die Legion der Prozessionen in ihrem sinnentleerten und rein äußerlichen Prunk.

21 Heine, Nachwort zur *Don Quijote*-Übersetzung von L. Tieck, S. 9.

In der Darstellung tritt die Kritik des Cervantes in erasmistischer Tradition überall dort sichtbar hervor, wo er im überzogenen Detail kirchliche Bräuche und Umzüge beschreibt, wie z. B. bei der Leicheneskorte: »Sie sahen nämlich gegen zwanzig Leute mit weißen Chorhemden, alle beritten, brennende Fackeln in den Händen, und hinter ihnen kam eine in Trauer gehüllte Tragbahre, welcher wieder sechs Berittene folgten, ebenfalls in Trauer gekleidet vom Kopf bis zu den Hufen ihrer Maultiere [. . .]. Die Hemdenträger murmelten etwas vor sich hin mit leisem kläglichen Ton« (I,19).

Es ist die ähnlich leicht ironisierende Technik, mit der Voltaire später im *Candide* (1759 anonym) das Zeremoniell der spanischen Inquisition beschreibt: »Candides Sanbenito wie auch seine Papiermütze waren mit zur Erde züngelnden Flammen und mit Teufeln bemalt, die weder Schwänze noch Klauen hatten. Die Teufel auf des Pangloß Vermummung aber waren mit Krallen und Schwänzen versehen, und die Flammen loderten aufwärts. In diesem Aufzug schritten sie in der feierlichen Prozession mit und hörten eine höchst pathetische Predigt an, auf die eine schöne, gar eintönige Musik folgte. Während man fromme Lieder absang, wurde Candide dazu im Takt gestäupt« (6. Kapitel). Durch die jeweils rein formale Art der Darstellung wird die Institution Kirche als Marionettentheater und Mummenschanz karikiert.

Die Frage der Übernahme erasmistischer Gedanken durch Cervantes läßt sich aber nur im Zusammenhang mit der Geschichte des Erasmismus im Geistesleben Spaniens schlüssig beantworten. Die gegenreformatorischen Maßnahmen Philipps III. und Philipps IV. bremsten sicherlich stark die Verbreitung dieser Ideen. Es wäre daher wohl die Aufgabe einer kritischen Cervantes-Forschung, weniger nach Einflüssen zu suchen als die Selbständigkeit des Cervantes bei der Rezeption dieser Gedanken zu bewerten. Trotz der verdienstvollen Arbeit u. a. Marcel Bataillons (*Erasme et l'Espagne: Recherche sur l'histoire spirituelle du XVI$^{e}$ siècle*, 1937) bleibt auf diesem Felde noch viel zu bestellen.

Wie geschickt Cervantes kritische Assoziationen an die Inquisition mit Romanszenen anderen Inhalts kreuzte, zeigt der nächtliche Spuk im »Zauberwald« des Herzogspaares. Inquisition – Feuer – Scheiterhaufen – Musik bildeten für den zeitgenössischen Leser eine unverbrüchliche Einheit. Unter diesem Blickwinkel muß der Dialog zwischen der Herzogin und Sancho Panza mit doppelten Lesarten interpretiert werden, einer vordergründig realistischen und einer symbolischen (II,34): SANCHO: »Señora, wo Musik ist, da kann nichts Böses sein.« HERZOGIN: »Auch wo Licht und Helle ist.« SANCHO: »Licht gibt auch das Feuer und Helle der Scheiterhaufen [...], und es wäre wohl möglich, daß sie uns verbrennen; aber die Musik ist immer ein Zeichen der Freuden und Festlichkeiten.«

Aus einigen ähnlichen Szenen läßt sich ein tiefsinniges Mosaik der Kritik an der Inquisition legen. Zwar respektierte Cervantes Thron und Altar, aber er erhob innerhalb der mächtigen Institutionen seiner Zeit trotzdem seine Stimme gegen die inhaltliche Entleerung jahrhundertelang gewachsener Ideale im vorgegebenen Rahmen.

## Der Literaturbetrieb und die Bücherzensur

Erst als deutsche Buchdrucker wie Peter Hagenbach, Nicolaus Spindeler, Meinhard Ungut, Jacob Cromberger und Paul von Köln Ende des 15. Jahrhunderts ihre Offizinen in Spanien eröffneten, konnte man von einer größeren Verbreitung der Literaturprodukte sprechen. Wenn auch die Kirche weiterhin das Bildungsmonopol besaß, das sie durch die Einrichtung der Inquisition zur Wahrung der Glaubenseinheit mit dem Staat gemeinsam ausübte, so sprach doch die Fülle alter und neuer Literaturgattungen für einen erweiterten Kreis des Lesepublikums. Waren im Mittelalter Träger des Kulturbetriebs fast ausschließlich die Hof-, Adels- und Klosterkreise, so gesellte sich im »Siglo de Oro« in verstärktem Maße das aufstrebende Stadtbürgertum hinzu, aus dem auch das Gros der Schriftsteller stammte.

Die Autoren konnten von ihrer Feder nicht leben. Daran wird sich auch bis zum »Kunstwerk im Zeitalter seiner technischen Reproduzierbarkeit« (Walter Benjamin) nichts ändern. Die Autorenrechte waren überdies wenig geschützt; Raubdrucke waren an der Tagesordnung.[22] Cervantes erhielt z. B. für seine *Novelas ejemplares* (*Beispielhafte Novellen*, 1613) eine lächerliche Summe (1600 Reales) und 24 Freiexemplare. Der Drucker oder Buchhändler kaufte dem Verfasser das Werk ab und veräußerte es dann an einen oder mehrere Buchhändler seiner Wahl weiter. Wenn ein Autor sein Buch auf eigene Kosten drucken ließ, zog er dabei meist den kürzeren. Vor der Drucklegung mußte das Manuskript ein kompliziertes Genehmigungsverfahren bis zum Imprimatur durchlaufen. Seit einem Dekret Philipps II. aus dem Jahre 1558 mußte jedes Druckerzeugnis zuvor vom »Consejo Real« (Königlichen Rat) gebilligt werden. Dabei mußten eine aus-

22 Für die folgenden Einzelheiten vgl. auch: Ludwig Pfandl, *Spanische Kultur und Sitte des 16. und 17. Jahrhunderts. Eine Einführung in die Blütezeit der spanischen Literatur und Kunst*, Kempten 1924, S. 120–133.

führliche Inhaltsangabe und Darlegung der schriftstellerischen Intention zusammen mit der Approbation der Kirchenbehörde und der Inquisition eingereicht werden. Nach Überwindung dieser dreifachen Hürde wurde das Buch in zunächst nur einem Exemplar ohne Titelblatt als Rumpfdruck herausgebracht. Dieser Text wurde erneut von der Zensur Seite für Seite mit der Handschrift verglichen und paraphiert. Das endgültige Exemplar enthielt dann Titelblatt, Widmung, Vorrede, Approbation, Privileg und Verkaufspreis. Das Druckprivileg galt in der Regel 10 oder 20 Jahre; da aber die Gerichtsbarkeit über die Landesgrenzen nicht hinausreichte, war es praktisch wirkungslos und nicht einklagbar. Der Ladenpreis wurde nach der Bogenzahl festgesetzt. Im Falle des *Don Quijote* wurden z. B. 3½ Maravedís (Cervantes' Vater, ein Wanderchirurg, verdiente 6 Maravedís im Monat) pro Bogen berechnet, so daß sich die Gesamtsumme auf 255½ Maravedís belief.

Eine Erneuerung des Druckprivilegs lohnte kaum; denn selbst bei erfolgreichen Büchern oder von der Inquisition beanstandeten Werken druckten Offizinen im Ausland, vor allem in den Niederlanden und Italien, spanischsprachige Werke ohne Schwierigkeiten nach und übernahmen auch den internationalen Buchvertrieb.

Der Schriftsteller war also auf Mäzene angewiesen, die sich ihrerseits geschmeichelt fühlten, wenn ihr Name im Zusammenhang mit einem berühmten Dichter gedruckt erschien. Die konfliktreiche Geschichte der Beziehungen zwischen Gönner und Schriftsteller muß noch geschrieben werden. Auf jeden Fall vergrößerte das Mäzenatentum die ökonomische, soziale, politische und persönliche Abhängigkeit der Autoren. Das Buhlen um Finanziers trug zu noch größerer Spaltung und zu Konkurrenzneid unter den Wortproduzenten bei.

Wer die Rolle der Inquisition und Bücherzensur im 16. und 17. Jahrhundert in Spanien untersucht, muß sich vor zwei Extremen hüten: er darf ihren Einfluß nicht verkleinern, aber auch nicht überschätzen wollen. Generell läßt sich sagen: Was unter der Inquisition auf dem Spiel stand, war nicht die Zukunft der schönen Literatur und Kunst, sondern das Schicksal der forschenden, experimentellen Wissenschaften. Das arabische und jüdische Schrifttum wurde so gut wie ausgemerzt. Die wichtigsten wissenschaftlichen Werke des damaligen Europa waren nur unter der Hand erhältlich.

Dies gilt allerdings auch für ein für die Typologie des *Don Quijote* so einflußreiches Buch wie das *Examen de Ingenios para las Ciencias* (*Prüfung der Köpfe zu den Wissenschaften*, 1575) des andalusischen Landarztes Juan Huarte. Wie Harald Weinrich (*Das Ingenium Don Quijotes. Ein Beitrag zur literarischen Charakterkunde*, 1956) aufgezeigt hat, bestehen in der Temperamentsstruktur Don Quijotes und in der Wechselbeziehung zwischen Ingenium und Wahnsinn aus charakterologischer Perspektive deutliche Beziehungen zum *Examen de Ingenios*. Cervantes war ein guter Kenner der aristotelisch-galenischen Humoralpathologie und Physiognomik seiner Zeit. Huarte erkannte in Fortführung von Aristoteles dabei auch den Einfluß von Umwelt und Erziehung auf die Herausbildung des Ingeniums an. Das bedeutete z. B. bei Don Quijote die übermäßige Lektüre von Ritterromanen.

Im einzelnen läßt sich die Beschreibung Don Quijotes in vielen Punkten mit den entsprechenden Aussagen im Werk Huartes in Beziehung setzen[23]; so z. B. im *Don Quijote* II,62: »Es war der Mühe wert, Don Quijotes Gestalt zu sehen, lang, ausgestreckt, schlotternd, blaßgelb, hingezwängt in seine Kleidung, linkisch und vor allem nichts weniger als leichtfüßig.« Bei Huarte hieß es in der Übersetzung G. E. Lessings: »Eine Mannsperson, welche im dritten Grade hitzig und trocken ist, hat sehr wenig Fleisch; und zwar har-

23 Vgl. Mauricio de Iriarte, S. I., *El Doctor Huarte de San Juan y su Examen de Ingenios. Contribución a la historia de la psicología diferencial*, Madrid [3]1948, S. 311–332, der an die Forschungen des Kriminologen Rafael Salillas, *Un gran inspirador de Cervantes. El doctor Juan Huarte y su Examen de Ingenios*, Madrid 1905, anschließt.

*Honoré Daumier: Don Quichotte et Sancho Pança. Kreide und Aquarell, um 1856–60*

tes und sprödes, welches aus sehr starken Nerven und Muskeln und sehr weiten Adern besteht [...]. Auch die Farbe der Haut [...] verräth bey einer Mannsperson die Wärme und Trockenheit im dritten Grade [...]. Mannspersonen, welche sehr hitzig und trocken sind, werden selten sehr schön seyn, sondern vielmehr häßlich und ungestaltet.«[24]

Diesen äußeren Eigenschaften werden bei Huarte viel Klugheit und Einbildungskraft, Cholerik und Melancholie zugeordnet. Wenn Cervantes schreibt, daß seinem Ritter das Gehirn austrocknete, weil er so wenig schlief und so viele Ritterromane las, dann liefert Huarte die Erklärung dazu, denn der Schlaf befeuchtet und stärkt das Gehirn, das vom Wachen am Tag ausgetrocknet und hart gemacht wird (*Examen de Ingenios*, 5. Kapitel).

Huartes Abhandlung wurde bald ein europäischer Bucherfolg, und er geriet damit mit der Inquisition in Konflikt. Sechs Jahre nach dem Tod des Verfassers erschien 1594 das expurgierte Exemplar. Das neue Privileg wurde von dem Sohn Luis Huarte veranlaßt, der nach seiner Behauptung vom Vater hinterlassene Korrekturbogen einschob, um dem eigenen Geldmangel abzuhelfen. Die ursprüngliche spanische Fassung wurde in den Niederlanden nachgedruckt und diente noch Lessing als Vorlage für seine Übersetzung ins Deutsche (1752, 2. Aufl. 1785).

Der Versuch Huartes, auf rationale Weise die Unsterblichkeit der Seele zu beweisen, erregte Argwohn und mußte ganz getilgt werden. Huarte hatte immer wieder versucht, einem Konflikt zwischen der kirchlichen Autorität und der bloßen Vernunft vorzubeugen. Der eigentliche Stein des Anstoßes lag in der materialistischen Grundhaltung und in der eigenwilligen Interpretation der Bibel durch den Verfasser.

Die häufig irrationalen Praktiken der Inquisition zwangen viele Schriftsteller zur Präventiv- oder Selbstzensur. Es ist anzunehmen, daß auch Cervantes so verfuhr; sonst wäre es

24 Nachdruck der Erstausgabe, Zerbst 1752, mit einer kritischen Einleitung und Bibliographie von Martin Franzbach, München 1968, Kap. XV,1.

der Fachkritik bisher z. B. leichter gefallen, die im vorigen Kapitel angesprochenen erasmistischen Spuren in seinem Werk sicherer nachzuweisen. Denn die größte geistige Gefahr drohte der Inquisition durch die Schriften des Erasmus von Rotterdam, die in Spanien größere Popularität als in anderen Ländern genossen. Diese Wirkung hat kein Geringerer als Juan Luis Vives in einem Brief an Erasmus 1527 richtig eingeschätzt: »Wenn viele, wie man mir sagt, die Bücher lesen, wird es den Mönchen viel von ihrer alten Tyrannei entziehen.«

Allerdings ist festzuhalten, daß Erasmus' satirische Bemerkungen zu kirchlichen Zuständen und Einrichtungen, seine undogmatische Bekämpfung klerikaler Mißbräuche und der Scholastik vom Standpunkt des Humanismus aus auch inneren Reformbestrebungen der spanischen Geistlichkeit begegneten. Die Diskussion über die Neuordnung der katholischen Kirche und die Beendigung des Schismas hatte weiteste Kreise erfaßt.

Der *Don Quijote* ist so geschickt abgefaßt, daß der Kompromiß zwischen der Rücksicht auf die Zensur und der eigenen Gedankenfreiheit nur manchmal zwischen den Zeilen durchschimmert.[25] So notiert Heinrich Heine, wohl aus eigener schmerzlicher Erfahrung mit der preußischen Zensur: »Die Schriftsteller, die nimmermehr ihre Herzensmeinung verleugnen können, sind ganz besonders auf die ironische und humoristische Form angewiesen. Es ist der einzige Ausweg, welcher der Ehrlichkeit noch übrig geblieben, und in der humoristisch-ironischen Verstellung offenbart sich diese Ehrlichkeit noch am rührendsten.«[26] Ein berühmtes Beispiel für die Parodie auf die damalige geistliche Zensur ist die Bücherverbrennung durch den Pfarrer im 6. Kapitel des ersten Teils des *Don Quijote*. Zu Recht sagt daher der Bachiller

25 Vgl. Américo Castro, »Cervantes y la inquisición«, in: *Modern Philology* 27 (1929/30) S. 427–433.

26 Heinrich Heine, *De l'Allemagne* (2. Teil); Säkularausg., Bd. 16, Berlin/Paris 1978, S. 70.

Sansón über den ersten Teil, daß man »kein unehrenhaftes Wort oder einen andersgläubigen Gedanken darin findet«. Erst im Index von 1632 wurde ein Satz aus dem 36. Kapitel des zweiten Teils gestrichen: »Auch möge Sancho bedenken, daß gute Werke, wenn sie schlaff und lau verrichtet werden, unverdienstlich und wertlos sind.« Diese Sentenz hatte freilich schwerbefrachtete theologische Bedeutung. Sie stand im Spannungsfeld zwischen Inquisition und Mystik. Bei Francisco de Osuna, Bernardino de Laredo u. a. fand man fast wörtlich gleichlautende Äußerungen. Nach dem herrschenden Dogma dagegen trugen gute Taten selbst bei Todsünden zur Absolution bei.

Man kann sich heute nur schwer eine Vorstellung davon machen, was es bedeutet, das gesamte Schrifttum und die Büchereinfuhr einer Nation jahrhundertelang zu kontrollieren. Hat die Inquisition im »Siglo de Oro« entscheidenden negativen Einfluß auf das spanische Geistesleben ausgeübt? Ist sie für die spätere kulturelle Lähmung und Dekadenz verantwortlich zu machen? Diese noch heute kontroversen Fragen sind nur annähernd zu beantworten. Das stärkste Argument der Verteidiger des Heiligen Officiums ist, daß die Jahre ihrer intensivsten Tätigkeit auch die Jahre der kulturellen Blüte Spaniens gewesen sind. In diesem Sinne waren Inquisition und Bücherzensur keine ausschließlichen Urheber für die kulturelle Dekadenz, sondern eher Symptome.

# Die Wirkungsgeschichte des *Don Quijote* in Grundzügen

Der spanische Philosoph Unamuno hat einmal gesagt: »Wenn wir den *Don Quijote* deuten, interpretieren wir uns selbst. Wir spiegeln uns in ihm, und gleichzeitig schulden wir ihm einen Teil unseres geistigen Lebens. Wir sind Geschöpfe des Cervantes. Der Dichter könnte sich in uns spiegeln wie der Patriarch, der stolz auf sein Geschlecht ist.«

Diese tiefsinnige Einsicht in das Wechselverhältnis von Autor, Werk, Leser und Gesellschaft stand freilich am Ende einer langen Kette. Sie bildet den Gegenpol zu jeder nationalcharakterologischen oder völkertypologischen Deutung, wie sie eine oberflächliche Lektüre nahelegen könnte.

Schon wenn man die Gestalt des Don Quijote als hageren Sonderling betrachtet, ergibt sich eine eindrucksvolle Stoffgeschichte.[27] Sie nimmt ihren Ausgangspunkt in einem Maskenzug am Heidelberger Hof 1613 anläßlich der Feierlichkeiten zur Hochzeit Friedrichs V. von der Pfalz. »Erkrankt vom Lesen des *Amadís*, *Palmerín* und *Tristan* habe er wilde Einbildungen und magische Wunder in den Köpfen seiner Leser hervorgerufen, wie er selber verkündete, und wurde nun als Entartung des in Deutschland noch geachteten Ritterideals belacht. Auf diesen bunten Narrenauftritt führte Opitz einen Don Quijote ähnlichen iberischen Phantasten in die deutsche Literatur ein.«[28]

Ein Jahr später tritt der »Ritter von der traurigen Gestalt« bereits in einem wahrscheinlich im Louvre getanzten Ballett auf, bevor er als komische Figur in französische und deutsche Lust- und Singspiele Eingang findet. Allein die musikalische

27 Elisabeth Frenzel, *Stoffe der Weltliteratur. Ein Lexikon dichtungsgeschichtlicher Längsschnitte*, Stuttgart $^{6}$1983, s. v. *Don Quijote*, S. 167–169.

28 Gerhart Hoffmeister, *Spanien und Deutschland. Geschichte und Dokumentation der literarischen Beziehungen*, Berlin 1976, S. 77.

Tradition der Hauptgestalt reicht von den Opern Honoré d'Urfé's / Henry Purcells (1694/95) bis Jules Massenet (1910) u. a.; für das Ballett zeichnen so berühmte Interpreten wie Ninette de Valois (London 1950) und George Balanchine / Nicolas Nabokov (Berlin 1969) bis in unsere Tage verantwortlich.

Die Rezeption im deutschsprachigen Raum verlief bis zur Romantik – von Ausnahmen abgesehen – fast ausschließlich über französische Vermittlung. Das erklärt viele Mißverständnisse, die das damals auch politisch gespannte Verhältnis zwischen Spanien und Frankreich widerspiegeln.

Der sächsische Barockhumanist Joachim Caesar war 1648 in seiner Teilübersetzung nur bis zum 22. Kapitel des ersten Teiles von *Don Quijote* gelangt, jedoch verdient seine Übersetzung (unter dem Pseudonym Pahsch Bastel von der Sohle) wegen ihrer Originalität und Ausdrucksstärke Anerkennung: *Don Kichote de la Mantzscha, Das ist: Juncker Harnisch auß Fleckenland.* Caesar rückte den »Rittersassen auß der Zunfft der jenigen / welche den Sperr vnterm Dach verwahrt liegen haben vnd mit einem Altväterischen Schilde / einem hagern Gaul vnd flüchtigem Windhunde versehen seynd«, in die Nähe des »Narrwercks« und der Schwankliteratur. Aus der Vorrede geht hervor, daß der Übersetzer sich auf die gradlinige Haupthandlung beschränkte, weil er das Buch als eine Satire auf die Ritterromane auffaßte. Grimmelshausen scheint diese Übersetzung gekannt und für seine Jupiter-Episode im *Simplicissimus* (1669) genutzt zu haben. Moscherosch wurde dadurch zu einer *Don Quijote*-Übersetzung angeregt, die jedoch nie zustande kam. Vor allem über die französischen Bearbeitungen gibt das Werk des Cervantes Impulse für die Kritik an den Amadisen im 17. Jahrhundert.

Frankreich gab auch bis ins 18. Jahrhundert den Ton für die satirische Bewertung des Romans an. Die Inhalte der »Leyenda Negra« (der »Schwarzen Legende«, d. i. die antispanische öffentliche Weltmeinung) bestimmten die Auffassung, daß Cervantes eine verschlüsselte Kritik gegen sein Land intendiert habe. Laut René Rapin (1674) z. B. wollte Cervantes aus gekränktem Ehrgefühl den spanischen Adel lächerlich machen. Andererseits wurde Don Quijote als Repräsentant des »irrationalen, aufbrausenden, verstiegenen und ehrpusseligen spanischen Nationalcharakters« aufgefaßt. Typisch ist das Urteil Montesquieus in seinen *Lettres Persanes* (anonym 1721): »Das einzige Buch der Spanier, das gut ist, hat die Lächerlichkeit aller anderen sichtbar gemacht«, heißt es im 78. Brief.

Mit Charles Sorels *Le Berger Extravagant* (1627/28) setzt die Reihe der Nachahmungen ein, die in Deutschland über Pierre Corneilles gleichnamiges Werk von Gryphius im *Schwermenden Schäffer* (1663) aufgenommen wird. Allein der Kritiker Saint-Évremond sah 1671 tiefere Zusammenhänge zwischen Form und Inhalt: »Ich bewundere, wie Cervantes im Munde des größten Narren der Erde das Mittel gefunden hat, sich als der verständigste und erfahrenste Mensch, den man sich vorstellen kann, zu erkennen zu geben. Ich bewundere die Verschiedenheit seiner Charaktere, die für ihre Art die ausgesuchtesten der Welt und in ihrer Art die natürlichsten sind.«[29]

Eine weitere Rezeptionslinie des Romans wurde durch Voltaire eingeleitet, der mit aufklärerischer Verve Don Quijote im historischen Bereich mit Karl XII. von Schweden und im religiösen mit Ignaz von Loyola verglich, der ebenso wie Don Quijote über die Lektüre der Ritterromane expansionssüchtig wurde und den Jesuitenorden gründete. Im folgenden wurde der *Don Quijote* immer wieder in eine Polemik gegen die Religion im allgemeinen und gegen den Jesuitenorden im besonderen umgemünzt.

Mit den Arbeiten des Hofbibliothekars Mayáns y Siscar, der die erste Cervantes-Biographie (1737) verfaßte, begann die wissenschaftliche Beschäftigung mit dem *Don Quijote*. Für die Aufnahme des Romans im deutschen Sprachraum

29 Charles de Saint-Évremond, *Œuvres*, Bd. 3, London 1714, S. 14 f.

lassen sich laut Brüggemann zwei Stränge ausmachen. Der eine führt über die lobenden Äußerungen Bodmers und Gerstenbergs, die Nachahmungen Musäus' (*Grandison der Zweite*, 1760), Wielands (*Don Sylvio von Rosalva*, 1764), Johann Gottwerth Müllers (*Siegfried von Lindenberg*, 1779–82) u. a. zu Goethes *Wilhelm Meister* (1795–1821); die andere reicht von der Entdeckung der »Volksseele« durch Herders Cid-Romanzen und dem *Don Quijote* als Volksroman par excellence zu Spanien als Sehnsuchtsland der Romantiker. Zu diesem Bild trugen nicht zuletzt zahlreiche Reisebeschreibungen bei, z. B. Wilhelm von Humboldt, der nach seiner Spanienreise 1799 schrieb: »Wer nie einen spanischen Eseltreiber mit seinem Schlauch auf einem Esel sah, wird sich immer nur ein unvollständiges Bild Sancho Pansas machen.«

Der Einfluß des *Don Quijote* auf den deutschen Roman des 18. Jahrhunderts ist nicht ohne die Vorbilder Fieldings, Smolletts, Sternes und Richardsons erklärbar, die dem Spanier Wesentliches verdanken. Die zahlreichen direkten und indirekten Einflüsse des Romans auf der Welle der Donquichotterien sind in ihrer Quellenfiliation oft nicht deutlich rekonstruierbar; gemeinsam sind ihnen die Form der Literatursatire und die Gestalt des Helden als lächerlicher Narr.

Im ausgehenden 18. Jahrhundert setzten auch die ersten vollständigen Übersetzungen des *Don Quijote* nach dem spanischen Original ein. Auf Anregung von Wieland und Lessing (der aus dem *Don Quijote* sein Leben lang zitierte) bewältigte Friedrich Justin Bertuch in Weimar (1775/76) diese Sisyphusarbeit (in der 2. Auflage mit den beliebten Stichen von Chodowiecki); aber erst die Tiecksche Übersetzung (1799–1801, verbesserte Auflage 1830–32) ebnete dem Werk den Weg. Nach dem Vorbild der Shakespeare-Übersetzung August Wilhelm Schlegels versuchte Tieck, den »Geist des Originals« nachzuschöpfen. Wegen mangelhafter Sprachkenntnisse und lexikalischer Hilfsmittel ist seine Übersetzung nicht frei von Fehlern und Irrtümern, aber seine sprachkreative Fähigkeit bewährte sich besonders bei den Redensarten, Sprichwörtern und beim Lokalkolorit.

Man vergleiche aus dem Anfang des Romans die Eßgewohnheiten Don Quijotes in einer neueren wörtlichen Übersetzung (Braunfels) mit Tiecks freierer anschaulicher Version: »eine Schüssel Suppe mit etwas mehr Kuh- als Hammelfleisch darin, die meisten Abende Fleischkuchen aus den Überbleibseln vom Mittag, jämmerliche Knochenreste am Samstag«, heißt es bei Braunfels, während Tieck übersetzte: »eine Olla, mehr von Rind- als Hammelfleisch, des Abends gewöhnlich kalte Küche, des Sonnabends arme Ritter«.

Die Begeisterung der Romantik für Cervantes geht von den Brüdern Schlegel aus, die ihrer fast hymnischen Verehrung im »Athenäum«, in Briefen und in den Jenaer und Berliner Vorlesungen Ausdruck geben. »Die Interpretation des Cervantes in der Romantik steht im Bannkreis der Bestimmung der eigenen Möglichkeit, der Suche nach der eigenen Herkunft und der Entdeckung der eigenen geistigen Heimat, und sie ist daher nicht nur ein bedeutendes Phänomen in der Geschichte der Sinnfindung der Cervantinischen Dichtung, sondern zugleich wesentlicher Ausschnitt des Bildes der Romantik.«[30]

Im Anschluß an Schillers Gegensatz von Idealismus und Realismus allegorisierte August Wilhelm Schlegel die beiden Hauptgestalten des Romans: »In diesem Roman stoßen und vereinigen sich die beiden großen Kräfte des Lebens: die Prosa in der Person Sanchos und die von Don Quijote edel vertretene Poesie.«[31] Hegel wendete diesen Gegensatz dialektisch ins Geschichtsphilosophische. Als Reaktion auf die Realität des Lebens galten ihm Herakles, der Cid und Götz als tragische, Don Quijote als komische »Weltfiguren«: »In

30 Werner Brüggemann, *Cervantes und die Figur des Don Quijote in Kunstanschauung und Dichtung der deutschen Romantik*, Münster i. W. 1958, S. 49 f.

31 August Wilhelm Schlegel, *Sämtliche Werke*, hrsg. von Eduard Böcking, Bd. 1, Leipzig 1846, S. 342.

seinem Don Quijote ist es eine edle Natur, bei der das Rittertum zur Verrücktheit wird, indem wir die Abentheuerlichkeit desselben mitten in den festen, bestimmten Zustand einer ihren äußeren Verhältnissen nach genau geschilderten Wirklichkeit hineingesetzt finden. Dieß giebt den komischen Widerspruch einer verständigen, für sich selbst geordneten Welt und eines isolirten Gemüthes [. . .]. Don Quijote ist ein in der Verrücktheit seiner selbst und seiner Sache vollkommen sicheres Gemüth, oder vielmehr ist nur dieß seine Verrücktheit, daß er seiner und seiner Sache so sicher ist und bleibt. Ohne diese reflexionslose Ruhe in Rücksicht auf den Inhalt und Erfolg seiner Handlungen wäre er nicht ächt romantisch [. . .].«[32]

Philosophen wie Hegel, Schelling, Kant, Fichte, Schleiermacher (und später Schopenhauer, Nietzsche), Kunsttheoretiker wie die Brüder Schlegel, Tieck und Jean Paul gaben den Ton in der Bewertung des Romans an; Brentano, Arnim, Novalis, Eichendorff, Fouqué, Kleist, Chamisso folgten in der Adaptation, Umwandlung und Nachahmung für eigene Muster. Ihre Anregungen strahlten über Frankreich auch nach Spanien zurück und trugen zu einer Neubesinnung über das Werk des Cervantes bei. Erst mit der pointierten Bewertung Heines werden neue Akzente in der Rezeption des *Don Quijote* gesetzt: »Ich hingegen bin von Haus aus ein Schwärmer, d. h. bis zur Aufopferung begeistert für die Idee und immer gedrängt, in dieselbe mich zu vertiefen« (Brief Heines an Moser vom 1. Juli 1825).

Wenn man von der Rezeption des Romans bei Puschkin, Gogol, Turgenjew und Dostojewski absieht, die stärker die psychologischen und religiösen Aspekte betonen, werden neue Impulse erst in der spanischen sogenannten »Generation von 1898« nach einer »Epoche des akuten Cervantismus, in der alle Welt Cervantist und sogar Cervantomane war«[33]

32 Hegel, *Sämtliche Werke*, Bd. 13, S. 214 f.
33 Aus der Einleitung zu Marín, *La vida ejemplar*, Bd. 1, 1948.

sichtbar. Hier sind vor allem Angel Ganivet, Miguel de Unamuno, Azorín und in ihrer Nachfolge Ortega y Gasset, Salvador de Madariaga y Rojo u. a. zu nennen. Im wandlungsreichen »Quijotismus« Unamunos steht mit dem Wunsch nach einer »Europäisierung Spaniens« Alonso Quijano el Bueno, der von seiner Narrheit genesene Don Quijote, stellvertretend für das ersehnte Spanien. Mit fortlaufenden Jahren verlagert sich das Bild vom sterbenden zum heroischen und gläubigen Don Quijote. Höhepunkt dieser Auffassung ist Unamunos *Leben Don Quijotes und Sanchos* (1905), eine kommentierte Kapitelauswahl aus dem Roman. Die Hauptgestalt symbolisiert für Unamuno den spanischen Geist und die Sehnsucht nach Unsterblichkeit schlechthin: »Ich glaube, daß mir mein persönlichstes Werk geraten ist, indem ich ein fremdes Werk kommentierte.«

Ganivet und Azorín spüren dem Don Quijote in der Weite der kastilischen Landschaft nach. Für beide hat Cervantes »die Grundfragen nach dem Wesen der geschichtlichen Ausdrucksformen des spanischen Geistes gestellt« (W. Brüggemann). In seiner *Ruta de Don Quijote* (*Auf den Spuren Don Quijotes*, 1905) hat Azorín die historischen Stätten aufgesucht, die Don Quijote unsterblich gemacht hat. Azorín zeigt sich immer wieder überrascht von der Einheit von Leben und Dichtung. Die Landschaft, die Bauern, die Hidalgos erscheinen seit den Tagen Philipps II. in einem unveränderten Licht, das einigen Vertretern der 98er Generation Zeichen der Dekadenz Spaniens war.

Diesen kulturkritischen Weg ist Ortega y Gasset in seinen *Meditationen über »Don Quijote«* (1914) weitergegangen. In der Form eines philosophischen Essays diente ihm der *Don Quijote* als Ausgangspunkt zur Kritik am spanischen Wesen im allgemeinen. Ortega hat es sich zum Ziel gesetzt, »den Quijotismus des ›Don Quijote‹-Buches« (Vorwort) zu analysieren. Über Aussagen zum Wesen Spaniens gelangt er zu Einsichten über die Situation des Menschen generell.

In diese Jahre fällt auch Georg Lukács' *Theorie des Romans* (1916), ein geschichtsphilosophischer Versuch über die Formen der großen Epik. Die darin enthaltenen Gedanken zur Modernität und Originalität des *Don Quijote* führen Ideen Kants und Hegels weiter und leiten die ideologiekritische Betrachtung des Romans ein. »So steht dieser erste große Roman der Weltliteratur am Anfang der Zeit, wo der Gott des Christentums die Welt zu verlassen beginnt; wo der Mensch einsam wird und nur in seiner nirgends beheimateten Seele den Sinn und die Substanz zu finden vermag [. . .]. Es ist der erste große Kampf der Innerlichkeit gegen die prosaische Niedertracht des äußeren Lebens und der einzige Kampf, in dem es ihr gelungen ist, nicht nur unbefleckt aus dem Kampf hervorzugehen, sondern selbst ihren siegereichen Gegner mit dem Glanz ihrer siegreichen, wenn auch freilich selbstironischen Poesie zu umgeben.«[34]

In den zwanziger Jahren beginnen die Cervantes-Studien des Historikers Américo Castro, die sich später im Exil in der Polemik mit Sánchez Albornoz zu bedeutenden und grundlegenden Ergebnissen auf den Gebieten der Bildungsgeschichte des Cervantes, dem Verhältnis zum Erasmismus, zu den Heterodoxen und zur Inquisition verfestigten.

Die Fülle der kulturellen Ausdrucksformen von den Comics bis zum Film, bei denen der *Don Quijote* seitdem Pate stand, hat das Bemühen gemeinsam, den Gegenwartsbezug vieler Probleme zu verdeutlichen und eine Brücke zwischen dem damaligen Text und dem heutigen Leser zu schlagen. Als Beispiel sei das folgende Gedicht von Erich Fried angeführt:[35]

34 Georg Lukács, *Die Theorie des Romans*, Darmstadt/Neuwied $^{3}$1976, S. 89 f.
35 Erich Fried, *Liebesgedichte*, Berlin 1979, S. 57.

Sterbensworte Don Quixotes

Wer die furchtbaren
Windmühlenflügel
vor Augen hat
den
reißt sein Herz
und sein Kopf
und seine Lanze
mit
in den Kampf
gegen den Riesen

Doch wer die Windmühlenflügel
nach dem Gelächter
des Gelichters
noch immer im Auge
und den Riesen
noch immer
im Kopf hat
dem
geht die Lanze
ins Herz

Es soll nicht unerwähnt bleiben, daß der *Don Quijote* gleich nach der kubanischen Revolution (1959) eines der ersten Bücher war, die in einer erschwinglichen Volksausgabe in 100000 Exemplaren auf den Markt kam. Der »heroische Guerrillero« Che Guevara trug den Roman im Gepäck und war sich seiner Rolle als »fahrender Ritter« bewußt, der »die Wahrheit aufrechterhalten muß, obwohl ihn deren Verteidigung das Leben kosten kann« (*Don Quijote* II,18).

In den Abschiedsbriefen an seine Eltern und an seine Kinder (1967) spielt Che Guevara auf diese Mission an: »Wieder einmal fühle ich unter meinen Fersen die Rippen Rocinantes. Ich kehre auf den Weg mit meinem Schild im Arm zurück.« [...] »Vor allem sollt Ihr immer imstande sein, im Allertiefsten jedes Unrecht gegen jedweden in jedem Teil der Welt zu empfinden. Das ist die schönste Eigenschaft eines Revolutionärs.«[36]

Das ist ein spätes Vermächtnis des Don Quijote, das den Bogen vom Humanismus des Cervantes zu den Befreiungskämpfen der Völker der »Dritten Welt« schlägt.

36 Ernesto Che Guevara, *Obras 1957–1967*, Bd. 2, La Habana 1970, S. 693, 696.

# Auswahlbibliographie

Titel zu Leben, Werk und Zeit des Cervantes. Auf leicht erreichbare Arbeiten, vor allem in deutscher Sprache, wurde besonderer Wert gelegt. Abschluß der Bibliographie: 1. 7. 1990.

## Spanische Ausgaben

Valbuena Prat, Angel (Hrsg.): Obras completas. Madrid: Aguilar, [16]1970. [Einbändige Ausgabe des Gesamtwerks.]

Rodríguez Marín, Francisco (Hrsg.): Don Quijote de la Mancha. Bd. 1–8. Madrid: Espasa-Calpe, 1947–49. (Clásicos Castellanos. 4. 6. 8. 10. 13. 16. 19. 22.) [Verschiedene vorherige und spätere Auflagen; klassische, ausführlich kommentierende Werkausgabe.]

Gaos, Vicente (Hrsg.): El ingenioso hidalgo Don Quijote de la Mancha. Bd. 1–3. Madrid: Gredos, 1987. (Biblioteca Románica Hispánica. IV,18.) [Kritische Ausgabe mit Erläuterungen.]

## Deutsche Übersetzungen

(geistesgeschichtlich bedeutsame, in chronologischer Reihenfolge)

Pahsch Basteln von der Sohle [d. i. Joachim Caesar]: Don Kichote de la Mantzscha, Das ist: Juncker Harnisch auß Fleckenland, Franckfurt 1648. – Nachdruck dieser ältesten deutschen Teilübersetzung (bis Teil I, Kap. 22) des *Don Quijote*, besorgt von Hermann Tiemann, Hamburg 1928.

Tieck, Ludwig: Leben und Thaten des scharfsinnigen Edlen Don Quixote von la Mancha. Bd. 1–4. Berlin 1799–1801. [Philologisch unzuverlässig, aber literarhistorisch einflußreich; Neuausgabe Düsseldorf 1951 mit textkritischen Korrekturen von Hans Rheinfelder.]

[Anonym:] Der scharfsinnige Ritter Don Quixote von der Mancha. Textrevision nach der anonymen Ausgabe 1837 (mit Vorwort von Heinrich Heine) von Konrad Thorer. Frankfurt a. M. 1975.

Braunfels, Ludwig: Der sinnreiche Junker Don Quijote von der Mancha. Mit den Illustrationen von Grandville zu der Ausgabe von

1848. Durchges. von Adolf Spemann. Nachw. von Fritz Martini. München [15]1980. [Erstausg. Stuttgart 1883.]
Rothbauer, Anton Maria: Gesamtwerk. Bd. 1–4. Stuttgart 1963–70.

## Bibliographien und Ikonographien

Anales Cervantinos. Madrid 1951 ff. [Fachzeitschrift mit Forschungsreferaten.]
Ashbee, Henry S.: An iconography of Don Quixote. Ann Arbor (Mich.) 1982.
Cervantes. Bulletin of the Cervantes Society of America. Madison 1981 ff.
Drake, Dana Blackmar: Don Quijote (1894–1970): A selective annotated bibliography. Bd. 1–4. Chapel Hill [u. a.] 1974–84.
Grismer, Raymond Leonard: Cervantes: A bibliography. Bd. 1. 2. New York 1946–63. Nachdr. ebd. 1970.
Hartau, Johannes: Don Quijote in der Kunst. Wandlungen einer Symbolfigur. Berlin 1987.
Henrich, Manuel: Iconografía de las ediciones del Quijote de Miguel de Cervantes Saavedra. Bd. 1–3. Barcelona 1905. [Faksimiledruck der Titelblätter von 611 im Zeitraum von 1605 bis 1905 erschienenen Ausgaben mit bibliographischen Angaben.]
Simón Díaz, José: Bibliografía de la literatura hispánica. Bd. 8. Madrid 1970. S. 3–442 (Cervantes).
Simón Díaz, José: Manual de bibliografía de la literatura española. Madrid [3]1980. S. 280–315 (Cervantes).

## Biographien und Monographien

Astrana Marín, Luis: La vida ejemplar y heroica de Miguel de Cervantes Saavedra. Bd. 1–7. Madrid 1948–58. [Mit zahlreichen Dokumenten und zeitgenössischen Illustrationen.]
Byron, William: Cervantes. Der Dichter des Don Quijote und seine Zeit. Aus dem Amerikan. von Hanna Neves. München/Zürich 1982. – Dass. Frankfurt a. M. 1984. (Fischer Taschenbuch. 5630.)
Canavaggio, Jean: Cervantes. Eine Biographie. Aus dem Frz. von Enrico Heinemann und Ursel Schäfer. Zürich/München 1989.
Dieterich, Anton: Miguel de Cervantes. Mit Selbstzeugnissen und

Bilddokumenten. Reinbek bei Hamburg 1984. (rowohlts monographien. 324.)
Krauss, Werner: Miguel de Cervantes. Leben und Werk. Neuwied/Berlin 1966.
Rüegg, August: Miguel de Cervantes und sein Don Quijote. Bern 1949.
Schürr, Friedrich: Cervantes. Leben und Werk des großen Humoristen. Bern/München ²1963.

## Werkdeutungen

Actas del Coloquio Cervantino. Hrsg. von Theodor Berchem und Hugo Laitenberger. Münster 1987.
Allen, John Jay: Don Quijote: Hero or Fool? A study in narrative technique. Bd. 1. 2. Gainesville (Flor.) 1969–79.
Arco y Garay, Ricardo del: La sociedad española en las obras de Cervantes. Madrid 1951.
Auerbach, Erich: Die verzauberte Dulcinea (II,10). In: E. A.: Mimesis. Dargestellte Wirklichkeit in der abendländischen Literatur. Bern/München ⁵1971. S. 319–342. [Erstaufl. in der spanischen Übers. 1949.]
Azorín [d. i. José Martínez Ruiz]: Auf den Spuren Don Quijotes. [1905.] Übers. von Anna Maria Ernst-Jelmoli. Zürich 1923.
Bataillon, Marcel: Erasme et l'Espagne: Recherche sur l'histoire spirituelle du XVIᵉ siècle. Paris 1937. S. 819–849 [zu Cervantes].
Caballero, Justo: Guía-diccionario del Quijote. México 1970.
Castro, Américo: El pensamiento de Cervantes. Madrid 1925. – Erw. Ausg. mit Anm. des Autors und Hrsg. Julio Rodríguez-Puértolas, Barcelona 1980.
Cejador y Frauca, Julio: La lengua de Cervantes. Bd. 1. 2. Madrid 1905–06. [Grammatik und Wörterbuch des *Don Quijote*.]
Criado de Val, Manuel (Hrsg.): Cervantes: su obra y su mundo. Actas del I. Congreso Internacional sobre Cervantes. Madrid 1981.
Descouzis, Paul: Cervantes, a nueva luz. Bd. 1: El »Quijote« y el Concilio de Trento. Frankfurt a. M. 1966. Bd. 2: Con la Iglesia hemos dado, Sancho. Madrid 1973.
Fernández Gómez, Carlos: Vocabulario de Cervantes. Madrid 1962.
Ferreras, Juan Ignacio: La estructura paródica del Quixote. Madrid 1982.

Hatzfeld, Helmut (Hrsg.): Don Quijote. Forschung und Kritik. Darmstadt 1968. [Sammelband von Aufsätzen verschiedener Autoren seit 1947.]

Hatzfeld, Helmut: Don Quijote als Wortkunstwerk, die einzelnen Stilmittel und ihr Sinn. Leipzig 1927. – Erw. span. Ausg., Madrid ²1966.

Kloepfer, Rolf: Selbstverwirklichung durch Erzählen bei Cervantes. In: Iberoamericana 28/29 (1986) S. 38–55.

Köhler, Erich: Wandlungen Arkadiens: die Marcela-Episode des »Don Quijote« (I,11–14). In: E. K.: Esprit und arkadische Freiheit. Aufsätze aus der Welt der Romania. Frankfurt a. M. / Bonn 1966. S. 302–327.

Konetzke, Richard: Zur Geschichte des spanischen Hidalgos. In: Gesammelte Aufsätze zur Kulturgeschichte Spaniens 19 (1962) S. 147–160.

Madariaga, Salvador de: Über Don Quijote. [1926.] Aus dem Engl. übertr. von Jeannie Ebner und Emilia Rauman. Wien/München 1965.

Mancing, Howard Terrance: The chivalric world of Don Quijote. Style, structure and narrative technique. Columbia 1982.

Mann, Thomas: Meerfahrt mit Don Quijote. Wiesbaden 1956. [Tagebuchaufzeichnungen 1934.]

Maravall, José Antonio: El humanismo de las armas en Don Quijote. Vorw. von Ramón Menéndez Pidal. Madrid 1948.

Maravall, José Antonio: Utopía y contrautopía en el »Quijote«. Santiago de Compostela 1976.

Márquez, Héctor P.: La representación de los personajes femeninos en el Quijote. Madrid 1990.

Márquez Villanueva, Francisco: Fuentes literarias cervantinas. Madrid 1973.

Moreno Báez, Enrique: Reflexiones sobre el Quijote. Madrid ³1974.

Neuschäfer, Hans-Jörg: Der Sinn der Parodie im Don Quijote. Heidelberg 1963.

Olmeda, Mauro [d. i. Julio Luelmo]: El ingenios de Cervantes y la locura de Don Quijote. Madrid ²1973.

Ortega y Gasset, José: Meditationen über »Don Quijote«. [1914.] Aus dem Span. von Ulrich Weber. Mit einer Einl. von Julián Marías. Stuttgart 1959.

Osterc, Ludovik: El pensamiento social y político del Quijote. Interpretación histórico-materialista. México ³1988.

Reichenberger, Kurt: Cervantes und die literarischen Gattungen. In: Germanisch-Romanische Monatsschrift 44 (1963) S. 233–246.
Rielo, Fernando: Teoría del Quijote. Madrid 1982.
Riley, Edward Calverleigh: Teoría de la novela en Cervantes. Madrid 1966.
Rosenblat, Angel: La lengua del »Quijote«. Madrid 1971.
Salazar Rincón, Javier: El mundo social del »Quijote«. Madrid 1986.
Salillas, Rafael: Un gran inspirador de Cervantes. El doctor Juan Huarte y su *Examen de Ingenios*. Madrid 1905.
Spitzer, Leo: On the significance of »Don Quijote«. In: Modern Language Notes 77 (1962) S. 113–129.
Stegmann, Tilbert Diego: Cervantes' Musterroman »Persiles«. Epentheorie und Romanpraxis um 1600 (El Pinciano, Heliodor, »Don Quijote«). Mit einer »Persiles«-Bibliographie. Hamburg 1971.
Stolz, Christiane: Die Ironie im Roman des Siglo de Oro. Untersuchungen zur Narrativik im »Don Quijote«, im »Guzmán de Alfarache« und im »Buscón«. Frankfurt a. M. [u. a.] 1980.
Togeby, Knud: La estructura del Quijote. Sevilla 1977.
Unamuno, Miguel de: Das Leben Don Quijotes und Sanchos. [1905.] Übertr. und hrsg. von Otto Buek. Leipzig 1933. (Gesammelte Werke. 1.)
Weinrich, Harald: Das Ingenium Don Quijotes. Ein Beitrag zur literarischen Charakterkunde. Münster i. W. 1956.
Weygandt, Wilhelm: Der »Don Quijote« des Cervantes im Lichte der Psychopathologie. In: Zeitschrift für die gesamte Neurologie und Psychiatrie 154 (1935) S. 159–185.

## Rezeption im deutschen Sprachraum und in der Weltliteratur

Becker, Gustav: Die Aufnahme des Don Quijote in die englische Literatur (1650 bis ca. 1770). Berlin 1906.
Berger, Tjard W.: Don Quijote in Deutschland und sein Einfluß auf den deutschen Roman 1613–1800. Diss. Heidelberg 1908.
Bertrand, Jean Jacques Achille: Cervantès dans le pays de Faust. Paris 1948.
Brüggemann, Werner: Cervantes und die Figur des Don Quijote in Kunstanschauung und Dichtung der deutschen Romantik. Münster i. W. 1958.

Close, Anthony: The romantic approach to »Don Quijote«. A critical history of the romantic tradition in »Quijote«-criticism. London [u. a.] 1978.

Colón, Germán: Die ersten romanischen und germanischen Übersetzungen des Don Quijote [1. Teil, 16. Kapitel]. Bern 1974.

Dorer, Edmund: Cervantes und seine Werke nach deutschen Urtheilen. Mit einem Anhang: Die Cervantes-Bibliographie. Leipzig 1881.

Drake, Dana Blackmar: Don Quijote in world literature. A selective, annotated bibliography. Bd. 3. New York / London 1980.

Flacomio, R.: La fortuna del Don Quijote in Italia nei secoli XVII e XVIII. Palermo 1928.

Hake, Helmut: »Don Quijote« als Jugendbuch. Grundlagen und Wandlungen einer literarischen Interpretation. Diss. Hamburg 1955. [Masch.]

Hoffmeister, Gerhart: Spanien und Deutschland. Geschichte und Dokumentation der literarischen Beziehungen. Berlin 1976.

Meier, Harri: Zur Entwicklung der europäischen Quijote-Deutung. In: Romanische Forschungen 54 (1940) S. 227–264.

Neumann, Max-Hellmut: Cervantes in Frankreich, 1582–1910. In: Revue Hispanique 78 (1930) S. 1–309.

Schramm, Edmund: Die Einwirkung der spanischen Literatur auf die deutsche. In: Deutsche Philologie im Aufriß. Hrsg. von Wolfgang Stammler. Bd. 3. Berlin [u. a.] ²1960. Sp. 147–200.

Schwering, Julius: Cervantes' »Don Quijote« und der Kampf gegen den Roman in Deutschland. In: Deutsche Vierteljahrsschrift 29 (1928) S. 497–503.

Tiemann, Hermann: Das spanische Schrifttum in Deutschland. Von der Renaissance bis zur Romantik. Eine Vortragsreihe. Hamburg 1936.